从事艺人统筹，挺好的

陈欢科 著

电子工业出版社·
Publishing House of Electronics Industry
北京·BEIJING

未经许可，不得以任何方式复制或抄袭本书之部分或全部内容。
版权所有，侵权必究。

图书在版编目（CIP）数据

从事艺人统筹，挺好的 / 陈欢科著 .— 北京：电子工业出版社，2023.1
ISBN 978-7-121-44436-4

Ⅰ . ①从… Ⅱ . ①陈… Ⅲ . ①文娱活动－组织管理
Ⅳ . ① G241.3

中国版本图书馆 CIP 数据核字（2022）第 205499 号

责任编辑：张振宇　　特约编辑：田学清
印　　刷：三河市良远印务有限公司
装　　订：三河市良远印务有限公司
出版发行：电子工业出版社
　　　　　北京市海淀区万寿路 173 信箱　　邮编：100036
开　　本：880×1230　1/32　印张：8.5　字数：206 千字
版　　次：2023 年 1 月第 1 版
印　　次：2023 年 1 月第 1 次印刷
定　　价：98.00 元

凡所购买电子工业出版社图书有缺损问题，请向购买书店调换。若书店售缺，请与本社发行部联系，联系及邮购电话：（010）88254888，88258888。
质量投诉请发邮件至 zlts@phei.com.cn，盗版侵权举报请发邮件至 dbqq@phei.com.cn。
本书咨询联系方式：（010）88254210，influence@phei.com.cn，微信号：yingxianglibook。

目 录
CONTENTS

自 序 001

第一章 入门指南 　011

第一节 艺人统筹是什么..013
　一、网上对艺人统筹的定义......................................013
　二、重新定位艺人统筹..014
　三、艺人统筹工作的具体内容...................................014

第二节 为什么需要艺人统筹..018
　一、与艺人统筹相关的岗位设置................................018
　二、艺人统筹的重要性和价值...................................021

第三节 艺人统筹的专业门槛是什么...............................023
　一、专业不等于技能...024
　二、专业和学历..026

第四节 艺人统筹需要掌握哪些知识...............................029
　一、专业知识...030
　二、行业知识...032

	三、领域知识	034
第五节	艺人统筹需要哪些能力	035
	一、沟通能力	035
	二、共情能力	037
	三、钝感能力	038
第六节	三种心态的人不适合做艺人统筹	040
	一、粉丝心态	040
	二、猎奇心态	042
	三、炫耀心态	043
第七节	艺人统筹的应聘和渠道	045

053 第二章 | 实操流程

第一节	节目策划阶段的步骤	055
	一、分析	056
	二、搜集	056
	三、策划	058
第二节	艺人统筹工作的核心内容	059
	一、向经纪人发出节目邀请	060
	二、约艺人本人沟通内容	063
第三节	做好信任的奠基石	065
	一、艺人统筹要用法律的量尺做风险预判	066
	二、综艺节目的艺人合同流程	066
	三、艺人统筹对合同的态度	068

第四节	录制现场的核对心法	070
	一、衣：艺人的服装、化妆、造型等	071
	二、食：给艺人和团队准备的餐食、饮料等	072
	三、住：艺人和团队的化妆间、休息室等	072
	四、行：艺人的上台路线、后场位置等	073
第五节	从外行到内行的过程	074
	一、觉察艺人的状态	075
	二、觉察自己的身份	079
第六节	还原录制中真实的感受	080
	一、反馈的时机	081
	二、反馈的三个步骤	083
	三、细节的力量	085
第七节	打造核心竞争力	085
	一、复盘是提升质量最简单有效的方法	086
	二、如何进行有意识的复盘	088

第三章　快速上手

093

第一节	刚入行，没有资源怎么办	095
	一、艺人统筹需要累积哪些资源	095
	二、艺人统筹从哪里获取资源	098
第二节	不懂提问，怎么走对方向	100
	一、会提问是一种专业表现	101
	二、为什么要提问	103

　　　　　三、怎样提问才专业......105

第三节　最容易起争执的沟通方式——文字沟通......107
　　　　　一、为什么文字沟通容易出问题......108
　　　　　二、什么时候要停止文字沟通......111
　　　　　三、发生争执的时候，艺人统筹如何进行文字沟通......113

第四节　谈不拢合作要不要放弃......115
　　　　　一、经纪人没有明确表态怎么办......115
　　　　　二、创造机会，办法总比困难多......117
　　　　　三、谈不拢，艺人统筹还能做什么......119

第五节　艺人档期多次变动，失去经纪人信任怎么办......121
　　　　　一、合作为什么不能求......122
　　　　　二、除了求还有哪些做法......123
　　　　　三、相信办法总比问题多......126

第六节　不做"三不艺统"，一定不能说这些话......126
　　　　　一、轻易放弃的话......127
　　　　　二、消极逃避的话......129

第四章　进阶心法　133

第一节　认知限制了能力和心态......135
　　　　　一、什么是认知......135
　　　　　二、提升认知的方法......138

第二节　给对方台阶就是给自己机会......140
　　　　　一、为什么合作需要台阶......142

　　　　　二、什么是台阶思维 144

第三节　权益的本质是利他思维 146
　　　　　一、综艺合作需要艺人统筹落实哪些权益 146
　　　　　二、关于权益的棘手问题 147
　　　　　三、艺人统筹如何解决权益难题 149

第四节　谈判的目的不是赌，而是赢 152
　　　　　一、谈判中的错误心态 153
　　　　　二、如何获得谈判中的双赢 155

第五节　敢于放下也是一种能力 159
　　　　　一、为什么我们放不下 159
　　　　　二、如何培养放下的能力 163

第六节　解决人的问题，就能解决多数问题 167
　　　　　一、情是人与人的基本链接方式，包含共情和情绪 168
　　　　　二、商是为人做事的一种态度，是指商量和协同 170

第五章　升级宝典

175

第一节　如何应对压力 177
　　　　　一、艺人统筹的压力主要来自不确定性 177
　　　　　二、遇到工作难题怎么办 179

第二节　如何不说谎拒绝他人 183
　　　　　一、不懂拒绝，于是说谎 183
　　　　　二、为什么拒绝很难 184
　　　　　三、不说谎的拒绝技巧 187

第三节　如何自信地做出决策 190
　　一、什么是控场能力 190
　　二、控场能力是一种自信力 193

第四节　如何让自己不内耗 197
　　一、不要让内耗消磨你的精力 197
　　二、学会给自己的精力"留白" 200
　　三、动力多少决定精力高低 201

第五节　如何获取人脉 204
　　一、人脉是一种什么关系 204
　　二、艺人统筹如何获取人脉 207

第六节　如何带好团队 211
　　一、让每个人各司其职，发挥自己的优势 212
　　二、正向反馈能带来正面激励 214
　　三、做管理的人不要陷入细节和琐碎中 215
　　四、如何判断你的管理是好还是不好 216

第六章　终身成事

219

第一节　与其弥补劣势，不如发挥优势 221
　　一、如何抓住优势 221
　　二、如何把劣势变成优势 224

第二节　每个出现的人都自有道理 227
　　一、对立的不一定是对手 227
　　二、出现的都是贵人 231

第三节	获胜时得到结果，挫败时学到经验	234
	一、艺人统筹的价值	235
	二、艺人统筹的工作没有失败，只有得到和学到	237
	三、艺人统筹这个职业锤炼了我们的思维能力	239
第四节	没有什么事能真的撂倒你	241
	一、那些突如其来的压力	241
	二、下一步的行动是什么	243
	三、那些未成功的结果	244
	四、只要不认怂，没有事情能撂倒你	247
第五节	把平凡变成非凡的途径	249
	一、艺人统筹的两种心理状态	249
	二、别人的标签和定义	252
	三、专注和持续的力量	253
第六节	为人处世背后的原则	255
	一、为人和做事的关系	255
	二、艺人统筹的好人缘和好人脉	257
	三、高情商的做事策略	259

自 序

一

"请问您在哪儿工作？"

"我在一家公司做艺人统筹。"

"您是经纪人吗？"

"我不是经纪人，我们属于综艺制作。"

"哇，那您是制片人吗？"

"我做过制片人，但现在做的是艺人统筹，主要的工作是邀请艺人参加各类综艺节目。"

"哇，原来您是节目导演啊！"

这种对话经常出现在我的生活中，一开始我还会急于解释，后来发现几句话很难说清楚，就慢慢放弃了这种想法。

这样的聊天多了，我开始思考一个问题，既然艺人统筹是一个独立且必不可缺的职业，那么艺人统筹在大众眼中究竟是一份什么样的工作呢？我怎样才能让大家更了解艺人统筹是做什么的呢？

二

我时常会收到粉丝们的私信，有在校的学生，也有刚步入职场的新人。他们表示很向往艺人统筹这个职业，但是不清楚如何进入这个行业，希望得到我的指引，了解做艺人统筹应该选择什么专业、学习什么知识，以及具备哪些能力等。这样的回复多了，我发现一种现象，艺人统筹是一个新兴职业。

艺人统筹的诞生伴随着互联网娱乐产品的发展，尤其是视频行业在新时代的发展。

作为离艺人最近的一个职业，艺人统筹在大众眼中充满了神秘色彩，所以引发了大家的好奇心和强关注。但是，这个职业缺乏相关知识的教授书籍，也缺少提升能力的培训课程。

对于行业外的人来说，不知道门槛在哪儿；对于新人来说，无法快速上手；即使已经在这个行业待过很多年的人，要做自我提升也缺乏规范指导。就连我自己，也完全是靠着一路的摸爬滚打，从编导、制片人到艺人合作，长达十几年的摸索和总结，才有了一线的工作经验和方法技巧，组建了我们平台的艺人统筹团队，与互联网综艺齐头并进。

三

过去，我一直在跟文娱界打交道。

大学期间，我经常在校外主持各种艺人见面会。毕业之后，我在电台做流行音乐节目，几乎每周都有机会采访炙手可热的华语歌手。进入视频行业后，我制作了高端名人访谈节目《大牌驾到》，这个节目一共做了100多期，采访了上百位影视界的名人。之后，我从深耕综艺内容到专注艺人统筹工作，有幸与数位备受瞩目的文娱艺术家合作。

在大家眼中，我天生就是一个"思维敏捷，擅长沟通合作，能够敏锐地捕捉艺人感受，并高效解决各种问题的人"。我的口头禅"一切都是最好的安排"，也成为合作伙伴之间鼓励彼此的话。

恐怕没有人知道，我是如何一步一步从一个害怕讲错话、遇事胆怯的人，变成了今天这种积极、充满正能量的人。我踩了多少"低情商"的坑，吃了多少只能咽到肚子里的亏，才有了大家眼中"情商高"这种形象。

我经常想，当我进入这个行业的时候，如果有人能告诉我：这份工作要做什么，应该怎么去做，如何能做得更好，我一定会少走很多弯路。更重要的是，那些年跌过的跤、受过的委屈、扛过的压力……如果有人能用自己的经历和体验陪着我，我就不会在孤独的时候难以支撑。

于是，我有了写作本书的念头。写给十几年前的自己，写给正在同行的你，以及未来路上的你。

四

刚进入这个行业的时候，我一直在思考，什么对我最重要。

一次录制结束，像往常一样，我把嘉宾送出演播室。演员Z走了没多远，忽然折返回来，我以为她落下了重要东西，正要询问。她迎向我走来，到我面前的时候站住了，伸出手来与我握住，然后轻轻拍拍我的肩膀说："刚才忘了谢谢你，我见你今天一直在现场忙碌，你真的很辛苦！"

她嘴角上扬，满脸笑意，眼神中充满了真诚的关心。一切很突然，我还没来得及反应，她已经步履轻快地随团队一起离开了。

当时，这类通告节目资金不足，我为了省钱，身兼数职。既要参与策划内容，跟导演们一起过流程、对台本，也要盯演播室的制景，跟工人师傅们坐着拉货的大卡车，往返几个小时送取物品，还要与各经纪公司、影视宣传公司对接艺人邀约，确保节目顺利进行。作为新人的我，一刻都不敢懈怠。

每天我都在说"谢谢"，对导演组、摄像组、制片组、艺人组……感谢各位老师的付出，变成了我的一种常态。但是，像这样热情地握着我的双手，认真地对我说"谢谢你，你真的很辛苦"，她是第一个人。

她离开后的短短几分钟，我的身体变得无比轻松，有一种愉快的情绪在头脑中涌现，心里按捺不住激动和感动。这个瞬间从此定格在记忆里，鲜活有力。她向我传递了一份理解、一种支持，这也是一剂强心剂。令我感动的是，作为一位国际知名女演员，她的眼里可以看到我这个初出茅庐的年轻人。

原本忘了就忘了，可以让工作人员代为转达谢意；走过了就走过了，站在原地挥挥手，在我看来也是一种尊重。但是，她选择了转身、回头、握手，说出"谢谢你"和"你辛苦了"。

她的行为让我意识到：这不仅是礼貌和素养，还是一种由内而外的同理心；不仅是对事情的周全细致，更是对人的体察和关怀。

每个人都渴望自己受到关注，每个人都希望引起他人的重视，每个人的感受都是独一无二、不可替代的。关注到人，这是一件多么细微又宏大的事情。

很多工作都可以说，我们对事不对人。但是，艺人统筹这份工作必须把人的情绪、情感放到第一位。无论对方身居何位，无论其性格与你是否相契，无论你面对的是大咖还是新人。

从那天起，我对自己有了三项原则的要求，这些年我对管理的艺人统筹团队，也始终贯彻这三项要求：

- 要成事，先做人；
- 人的细节决定事的成败；
- 人的品格高于一切事情。

五

那么，本书适合什么人看呢？

1. 想要从事艺人统筹这个职业的人

平时，我被大家问到最多的问题是，什么人可以做艺人统筹？对此，我建议读者直接打开书，翻到第一章第六节"三种心态的人不适合做艺人统筹"，对照一下里面有没有自己。

要知道什么可以，先了解什么不可以，艺人统筹确实不是所有人都适合做的。但是，如果你仍然对这个职业有期许，并且愿意去尝试的话，本书会通过"实践+方法+策略+技能"，让你迅速从新手变成行家。我十几年走过的路，你只需要看完本书就可以走完。所以本书很适合希望选择一个有趣味、有挑战、有价值的职业的你。

2. 想要从事以艺人和内容为核心、提供服务的职业的人

比如经纪人、宣传人员、商务组、助理等，包括艺人本人，又比如制片人团队、导演团队、市场运营商业化团队等。

本书会让人们了解到，艺人统筹在想什么、做什么、要什么，

综艺节目选择艺人的流程和标准是什么，艺人统筹是如何发出邀约、做出决策的。其实，艺人统筹就是更好地帮助艺人实现自身价值的人。

本书会成为艺人统筹的职场沟通神器，迅速推倒你与合作伙伴之间的围墙，让双方看透彼此的铠甲和软肋。对你的合作伙伴越了解，对达成你们的共同目标就越有利。当然，越是给自己多一种职业选择，对你实现自己的人生蓝图越有利。

3. 职场新人，职场瓶颈期需要突破的人

我有十几年互联网企业的资深职场经历，自己也从职场新人晋升到领导并带领团队，已培养出不少人才。同时，作为企业的面试官，我还面试过很多求职者。

虽然本书是以"艺人统筹"为切入点来写的，但是针对职场新人和职业瓶颈期大家关注的问题也进行了心法传授和技巧分享。比如在应聘的时候，如何听懂面试官的问题并巧妙应答？面临专业不对口，怎么弯道超车？在谈判、合作、权益等复杂问题上，应该如何权衡？我都会通过详细的案例进行解答。

此外，进阶和升级是每个职场人士都会面临的困境：如何把资源变成人脉，打造个人品牌；如何面对"黑天鹅事件"，从突发事件中体现专业；如何塑造自己的行业影响力，把自己变成专家。

看完本书，如同我带着你，身临其境地走一遍职场之路。

4. 有社交恐惧症的人，害怕与人沟通的人

不知道该如何与人相处，在人际交往中感到不自在的人；希望能够改善人际关系，或者优化人际关系的人；希望在人际关系中能有办法"搞定"另一方的人；生活中总感觉缺乏自信，希望自己更受欢迎的人。

我经常对团队中的人说一句话：如果艺人合作能搞定，大体上其他合作也能搞定。

本书中有很多经典的关于人际交往、表达沟通、情商思维的案例和技巧，读者一学就会，学会马上就能运用到生活中。

其实，本书没有任何局限，我特别希望每个人都看看，因为艺人统筹最终就是做人的事业。

学会链接人、理解人、懂得人，是与我们每个人都息息相关的事情，是每个人都应该学会和具备的本领。毕竟，人际关系融洽了，解决问题就容易多了。

六

我已经在这个行业待了十几年，"艺人统筹"这四个字在我心里有着十分重要的分量。

其间，我见证过偶像迭出，也目睹过流星陨落，从光鲜亮丽的表面到鲜为人知的心酸，从浮世繁华的热闹到朴实平凡的冷静。

我曾经问过自己：是什么原因让我一做这份工作就是十几年？为什么我至今仍心潮澎湃？这份工作究竟能给我带来什么价值和意义？答案就在本书中。

艺人统筹是比你想象得更煎熬、更艰难的工作，是比你想象得更有趣、更有用的工作，是比你想象得更重要、更值得的工作。

苟日新，日日新，又日新。

你准备好从事这份工作了吗？

第一章

入门指南

从事艺人统筹,挺好的

第一节　艺人统筹是什么

艺人统筹简称艺统,一个大家耳熟能详却不太了解的职业。就像我们进入任何行业、从事任何工作,首先需要知道工作的内容,才能进一步判断是否适合自己一样,那么,艺人统筹是做什么的呢?

一、网上对艺人统筹的定义

1. 媒体对艺人统筹的误解

媒体眼中的艺人统筹:演艺圈职务,主要工作是管理艺人资料及安排艺人活动,重点在活动安排和艺人的推广方面。推广包括网络媒体、电台媒体、电视媒体、平面媒体等。

对于上述解释,我认为只有"演艺圈职务"略微贴切,其他介绍都很片面,提到的一些范畴不属于艺人统筹,而艺人统筹的核心职责却没有体现出来。

2. 大众对艺人统筹的调侃

"八面玲珑的交际花,时刻感应艺人需求的读心侠!"当我把这句话告诉圈内的艺人统筹时,大家笑得前仰后合,直呼过瘾,说简直太了解我们了!

玩笑归玩笑，却可以看出艺人统筹在大众心目中是一份要求极高的工作。换言之，能做好艺人统筹工作的人，一定具备三绝：会社交，好口才，高情商。

这样的人能发挥极大的社会价值，无论从事什么行业都能深受欢迎。

二、重新定位艺人统筹

我理解的艺人统筹是什么呢？涵盖了以下三个维度。

- 服务对象：泛指通过综艺节目曝光的文娱界人士。
- 工作内容：负责沟通、协调与综艺节目相关的艺人工作，解决节目录制过程中的艺人问题。
- 达成目标：确保综艺节目顺利拍摄、播出。

如果用四个字来形容，那就是"艺+人+统+筹"。

三、艺人统筹工作的具体内容

1. 艺是行业的特殊性

艺人统筹作为一个新兴职业，同时是新时代的文艺工作者，要有很强的思想自律能力和行为约束能力。例如，熟知各项法律法规，恪守职业道德，了解行业的难点和痛点，坚决与行业不正之风划清界限。

同时，艺人统筹作为节目和艺人之间的桥梁，必须具备"慧眼识珠"的能力：严格甄选德艺双馨、技艺精湛的优秀艺人；为内容赋予更大价值的同时，维护好节目的口碑。

2. 人是要面对的核心主体

（1）娱乐圈的艺人是拥有才华的艺术家。

艺人对作品和自我有独特的认知和坚持，所以不会轻易被说服。艺人周围褒贬的声音太多了，虚虚实实，真真假假，所以艺人较难与人推心置腹。

这就需要艺人统筹更专业、更敬业，在与艺人沟通的过程中，用诚信和真才实干来打动对方，获得对方的认可和信任。

（2）艺人的工作暴露在大众视野中备受瞩目，所以艺人格外没有安全感。

和艺人合作，需要艺人统筹更有耐心、更加细心，真正做到换位思考。从艺人的角度去感受和理解他们的行为，站在艺人的立场去评估带给他们的风险和收益，维护好艺人的形象。

（3）艺人跟你我并无不同，都具有情绪上的不确定性。

人会有消极情绪，也会有积极情绪；会生气，也会高兴；会有莫名其妙的沮丧，也会有突然而至的热情。

艺人统筹工作的难点就在于，既要尊重文娱行业的特性，理解艺人对艺术作品的想法，也要包容他们本身的情绪，链接到人的情感。

所谓"交际花""读心侠"的说法就是这个意思。艺人统筹这个职业需要比大部分与人共事的职业更专注在人身上，首先感受到人，然后链接到事。

如何与艺人、经纪团队有效沟通，如何把每个服务的细节做到极致，如何让艺人的魅力在节目中最大化体现……这些都是艺人统筹的核心工作。

3. 统是项目管理能力

艺人统筹要具备同时期录制多个节目、向多位艺人发出邀约、同多位艺人进行谈判、维护好同各方的关系的能力；要辅助制片人对艺人的能力、价格、风险进行评估和把控；协助节目组完成选角、定位、合同签订事宜；协调艺人做好与节目相关的活动、宣传等。

统意味着艺人统筹是沟通的桥梁，是信息的补给站，是能量的聚集场。

艺人统筹既要在录制期间确保艺人的顺利配合，也要在节目的前期策划和后期宣传上，与其他各部门紧密配合。

4. 筹是策略

筹体现在对艺人统筹行业的敏感度上，对艺人价值的预判和使用上，对市场的分析和洞察上。

艺人的综艺表现从哪些维度衡量？怎样帮助艺人在节目中提升？什么样的艺人适合哪种类型的节目？哪些艺人在一起能打造出惊喜的效果？不同艺人的优势和潜能是什么？这些问题都需要艺人统筹在不同的阶段去思考和总结。

筹意味着艺人统筹需要具有很强的抗压力、抗挫力，面临突发状况能筹谋、想办法；意味着当艺人统筹面对人的时候要充满活力和感受力，判断事情时需要沉着和理性。

到目前为止，你是已经被我说的话吓到，决定放弃这份工作了，还是跃跃欲试，有了更大的信心迎接下面的挑战？

不论是哪一种，我都希望你可以了解这份工作最真实的面目。只有接受并且热爱艺人统筹本来的样子，才能在未来受挫的时候，不因误解而轻言放弃，不因压力而步履难行。

如果你已经准备好了，欢迎跟我一起携手开启下面的旅程，打开艺人统筹职业的大门！

第二节　为什么需要艺人统筹

想知道为什么需要艺人统筹这个职业，我们先来了解一下与艺人统筹密切相关的岗位有哪些。

一、与艺人统筹相关的岗位设置

1. 导演组

导演组包括导演、编剧、摄像师、舞美师、剪辑人员等，导演组的所有工作都是为了创作内容和展现内容。

匹配自己擅长的赛道，找到有趣的选题，做出具有可看性和有价值的内容，这是所有导演组的目标。调动艺人的积极性，挖掘艺人的潜能，与内容碰撞出火花，取得艺人和节目的最佳呈现效果等，这是导演组的共同追求。

导演组的目的很明确：让节目好看，以及持续做下去，保持节目一直好看。

2. 制片组

制片组提供"吃喝用住"的生活保障，确保节目拍摄期间能够满足艺人及其经纪团队的习惯性生活需求。

所谓的习惯性就是尊重艺人及其经纪团队的日常习惯，从坐什么交通工具到入住什么酒店、吃什么食物、喝哪款饮料等。

制片组的目的是尽量让艺人在工作期间保持身体健康、身心愉悦，以最饱满的状态投入工作。

3. 制片人组

我要重点讲一下这个部分，如果你要做艺人统筹，理解制片人是什么岗位，就等于理解咱们有多少钱、怎么把钱花好，以及为什么要花钱。

大部分人都分不清制片和制片人，别看一字之差，他们的工作内容和职责具有天壤之别。核心的区别，我认为一句话就能说清楚，即制片人要对节目中的所有岗位花出去的钱负责。

这里的钱包括看得见的支出和隐形的成本。看得见的钱是指人员支出、设备支出、服饰费用、市场推广费用等，看不见的钱包括运营、口碑、效果等。

制片人对看得见的钱负责，就是要把钱花在刀刃上，要对节目的直接成本负责、对客户的投资负责。制片人对看不见的钱负责，就是对节目的内容效果和市场营销负责，要让花出去的钱产生收益，打造节目的长期影响力，形成节目IP特质。

综上所述，制片只是其中的执行环节，制片人才是掌控全局的人。

4. 商务组

制片人的钱从哪儿来呢？来自商务组的客户。

商务组的职责是帮助客户用好其投资的钱，落实客户在节目中的权益，盯紧每个跟客户有关的环节，绝对不能失误或者出错。

商务组的目标非常简单，让客户觉得钱花得值，最好能花小钱办大事，最大化投资价值。也就是节目效果好、口碑好，进而使广告效应好，品牌传播度和美誉度高。

5. 市场营销组

市场营销组的主要工作是负责节目的正向传播，以及在节目播出的过程中，对舆情进行预控和监测，对负面和不实舆论进行引导。

市场营销组作为节目中的"兜底"部门，工作以在内部提供传播建议、在外部做好舆论导向为主。他们的目标就是，节目能被更多人知晓。

6. 运营组

如果说市场营销组是利用各种外部手段打造节目影响力，那么运营组就是从内部调动各种资源，积极给予节目曝光和推荐，以便取得让更多人收看和反复收看的效果。

如果我们把一个成品的节目比作一场盛宴的话，运营组的工作就是把关食材是否新鲜、独特和受人喜欢，由他们设计美食上桌的顺序，负责提升顾客的体验和回头率。什么菜配什么汤，哪些菜可以一起上，哪道菜需要特别突出和介绍，这些都是运营组需要考虑的事情。

二、艺人统筹的重要性和价值

1. 艺人是节目内容最重要的构成要素

大家发现没有，上面这些岗位都是以节目内容为核心的：导演组创作内容，制片组服务内容中的人，制片人组把内容的钱花好，商务组给内容找来钱，市场营销组为内容锦上添花，运营组让内容有的放矢。

那么，节目内容由什么构成呢？节目内容主要分为两部分。

（1）选题，即做什么。

有各种各样的节目可以做，最后选择哪种类型的节目，是户外真人秀还是棚内综艺，是口播类型还是观察类型……这些构成了节目的第一个核心要素。

（2）什么人来做，即节目中邀请的嘉宾是谁。

嘉宾是找专业能力强（如歌唱类）的艺人，还是找语言表达能力强的艺人；是找在影视剧或综艺中曝光多的艺人，还是找不为人知有隐藏才华的艺人……人选的主观能动性，有时候会超过题材本身的重要性。

节目的类型屈指可数，很难创新；节目的选题，受限于诸多条件，很难翻新；节目的模式，再怎么研发也跟不上市场变化的速度。只有节目中的人在不断迭代,不断涌现和更新。

有时候,一个节目是否受市场欢迎,艺人的表现起到了至关重要的作用。艺人状态好,参与节目的讨论和头脑风暴,与导演组和各部门紧密配合,节目成功的可能性就大;艺人状态不佳,不投入、不上心,甚至偷懒懈怠,节目失败的可能性就大。因此,如此重要的内容共创者——艺人,需要一个专门的职位来对接,为其提供服务。因此,艺人统筹应运而生。

艺人统筹把各岗位的需求串联起来,筛选、判断后统一安排,让艺人不受环境干扰,能够聚焦在内容上。同时,艺人统筹为艺人思考、协调、解决以内容为核心的问题,让各岗位都能发挥出最大的价值。

2. 艺人统筹具有不可替代性

这里我要跟大家普及几个概念,很多人分不清艺人统筹与艺人经纪人、艺人跟拍导演、艺人选管的区别。我用十分简单的方式,让大家能够快速理解。

- 艺人经纪人:艺人公司聘请,只服务于艺人的经理人角色。职责是帮助艺人实现个人品牌最大化,包括作品价值、商业价值、时间价值等。
- 艺人跟拍导演:在综艺节目中,只服务于某位艺人的导演。跟拍导演会帮助艺人理解内容,与艺人时刻保持内容上的沟通和反馈,满足艺人对内容的各种需求。

- 艺人选管：主要指在真人秀节目里，照顾以选手身份参加节目的艺人，或者负责未出道艺人（练习生）的日常通告，保障他们以最好的状态训练和录像。

艺人统筹统领的是节目中与艺人相关的人和事，筹谋的是节目中与艺人相关的思路和策略。因此，艺人经纪人、艺人跟拍导演、艺人选管，只要跟艺人相关的人，都在艺人统筹的接触范围内；只要他们做的事情影响到艺人在节目中的录制状态，艺人统筹就有权利和义务去沟通和协调。

前面提到的节目组各岗位的工作人员，当有人过分干预有可能破坏艺人对节目的输出效果时，艺人统筹也有权利和义务去沟通和协调。同理，如果这些岗位的人需要艺人更好地配合节目内容的时候，艺人统筹也应在第一时间去跟艺人和经纪团队协调、解决。

我们小时候都用过圆规，艺人统筹就像圆规的转轴。顾名思义，转轴是指连接产品零部件必须用到的，用于转动时既承受弯矩又承受扭矩的轴。这就是艺人统筹职业的重要性，也是艺人统筹不可取代的价值。

第三节　艺人统筹的专业门槛是什么

经常有人问我：如果想进入这个行业，学什么专业最好？我的专业不对口，可以做艺人统筹吗？

如果你还在因为"门槛"的问题而止步不前，我现在就可以告诉你答案：学什么专业和你能不能做好艺人统筹，并无根本性关联。换句话说，即使你是技校毕业，学的是厨师专业，也有可能成为一名优秀的艺人统筹。

一、专业不等于技能

如果你学习新闻、编导、主持等与传媒相关的专业，体现在简历上会有一定的优势，因为面试官大概可以判断出你具备基本的媒体知识，了解节目制作的基本常识，对这个行业在做什么、有什么职位有一定的认知和预判。但是，能不能应聘成功艺人统筹，却不是所学专业可以决定的。

1. 艺人统筹的门槛是什么

柏瑞尔·马卡姆在《夜航西飞》一书中说："虽然未来藏在迷雾中，叫人看来胆怯，但当你踏足其中就会云开雾散。"

艺人统筹的门槛并不仅仅体现在你在学校里学了什么，而是体现在你如何把学到的知识融入艺人统筹这份工作，并为它服务。

只有真正了解这份工作，在做事中领悟职业本质、掌握各种能力，把每次经历都咀嚼透、消化掉，变成深刻的心得体会，你才能真正打磨出属于自己的艺人统筹职场技能。

2. 让你的专业成为辅助

我来讲个故事，故事的主人公 A 是一位技校毕业的学生，他学的是厨师专业。

A 特别喜欢看综艺节目，很关注明星在节目中的表现，并且会花时间对不同类型的节目、艺人效果做分析。比如，为什么同样的艺人，在这个节目里个性很明显，在另一个节目里就表现得平淡无奇。他还会通过一些新媒体账号投稿，表达自己对节目的看法，写综艺评论。

后来，A 被某艺人团队注意到，并被安排在这个艺人团队实习，做一些宣传方面的助理工作。在实习的过程中，A 跟着艺人参加了一些节目，认识了很多节目组的工作人员。

A 除了做好自己的本职工作，一有时间就向各岗位的工作人员学习。不论是端水打杂还是聊天解闷，A 都会趁机请教各种问题。于是，A 不断地跟这个行业的人打交道，对现场执行也懂得越来越多。

快毕业的时候，A 之前认识的导演团队想招一名艺人统筹，该团队看重了 A 的灵活应变和吃苦耐劳，于是让 A 来试试。A 一做就是三年，参与过好几个节目，也与市场上大大小小的艺人合作过，积累了行业经验，还积攒了不少人脉。

在做艺人统筹期间，A经常会带很多自己做的美食，给艺人和经纪团队，有时候还分给导演组。久而久之，大家称他为"最会做饭的艺人统筹A"。这个独特的标签，让他在节目组人缘不错，协调沟通一些事情时更加顺畅。

问题来了，面对这样的A，你会因为他学的是厨师专业，而放弃这个人吗？

A从表面看是专业不对口，但是他具备了做艺人统筹的一些技能。这些技能不是在学校里学到的，而是他因为热爱、因为努力，在从事相关工作的过程中不断积累的。他的专业不但没有成为障碍，反而成为加分项，成为他人际关系的润滑剂。

如果你是面试官，你会怎么选择呢？

二、专业和学历

1. 学历低能不能做艺人统筹

学历低只是表明，你在学校接受的应试教育时间较短，在校园获取的知识有限，并不能决定人生的好坏，更不代表做不好艺人统筹这份工作。在我的价值观中，我一直坚信学习力比学历更重要，为什么这样说呢？

第一，所谓的学历仅仅基于我们在学校里的应试教育，验证学习成果的主要方式是考试，判断的标准是答案一致。进入社会以后你会发现，职场是没有标准答案的，每次向自己发起的挑战都是考试。从这个维度看，交出什么样的答卷取决于你是否一直在自我精进。艺人统筹的职业是一个持续学习的过程，如果只是停留在当年学校里通过考试获得的学历上，那你人生的自我提升就在毕业那年停止了。

第二，我们在学校里掌握的是基础能力，进入职场以后要通过持续的学习力来提升专业能力。专业能力包含专业知识和实践经验。学历低，如果用经验去弥补，同样能后起直追，因为"实践是检验真理的唯一标准"。

第三，学习力是滚雪球效应，也是稳赚不赔的复利投资。我最开始做娱乐访谈记者、主持人，会阅读大量关于沟通和心理学的书籍，提升自己的表达力和洞察力；后来做了综艺节目制片人，拓宽了我的认知，加深了我对内容的理解，更锻炼了自己的项目管理能力……这些知识和能力都为我后来做艺人统筹奠定了稳固的基础。

我周围有很多厉害的人，他们都在持续学习，而且不是为了获取更高的学历，初衷都是对标自己，针对要解决的问题有的放矢。

如果你比别人学历低，反而有更多学习和进步的空间，可以通过正确的方向、有效的方法去弥补学历的不足。学历低，只有一种情况会被艺人统筹这个职业拒之门外，那就是将学历低作为借口，自我蒙蔽，自我安慰，停止继续学习的步伐，放弃成为更好的人！

2. 专业不对口怎么办

若要解决专业不对口的问题，有一种方法分享给大家：降维打击，发扬长处，做一个艺人统筹。

- 如果你学的是会计专业，就做艺人统筹中最会算账的人。成本控制是艺人统筹非常重要的环节，有效控制艺人预算是衡量艺人统筹能力的一个重要标准。
- 如果你学的是法律专业，就做艺人统筹中最有法律意识的人。合同怎么签，如何做风险预估，怎样保障你所在公司或者平台的利益不受损。法律意识和业务能力同等重要，这些会让你脱颖而出，成为团队中不可或缺的一员。
- 如果你学的是摄影专业，就做艺人统筹中最会拍照的人。审美太重要了，千万别小看会拍照这种技能，尤其是把人拍好看，真的是一种很日常但会让你深受欢迎的能力。
- 如果你学的是中医专业，就做艺人统筹中最懂医术的人。如今有什么是大家聚在一起亘古不变的聊天话题吗？星座和塔罗牌都没有"保温杯配枸杞"来得有感觉吧？大家见面常说的话就是：注意身体健康啊！

如果我继续列举下去，你会发现"三百六十行，行行出'艺统'"。专业不对口，只要你足够喜欢就别轻易放弃。

我认识一个人，他少年时是运动员，后来接触到演戏被挖掘出做演员的天赋，于是开始学习戏剧表演。现在，他具有大学体育教师和演员双重身份。

演员是他的热爱，让他可以体验无限人生，在角色中经历世间百态；体育是他的专业，让他可以在有限的人生中，传授自己的经验和实现自身的价值。

我身边像他这样的人还有很多，他们最大的特点是：学习无止境，人生不设限。

请记住，能拦住你的永远不是专业，而是真诚热爱、真心喜欢。如果没有这份真诚，艺人统筹职业的门槛你永远跨不过去。

第四节　艺人统筹需要掌握哪些知识

为了大家能够快速掌握本节内容，我把艺人统筹的知识体系分为三层。第一层专业知识，是大家对这个职业及相关岗位的认知和理解：对内容的专业和对人的专业。第二层行业知识，是大家对所处的赛道和平台的认知和理解：对文娱行业、媒体行业和综艺制作行业的了解和熟悉度。第三层领域知识，是大家对艺人统筹工作需要涉及的领域和内容的认知和理解：财务、法务、税务知识，以及市场、运营、商业化知识等。

一、专业知识

1. 专业知识是"护城河"

什么是"护城河"？"护城河"就是能够让你从本质上跟别人不一样，能够让你安身立命的优势和长板。

建议大家翻到本章第一节"艺人统筹是什么"，回顾一下艺人统筹的定义：艺+人+统+筹，由定义拆解出来的每个字都是这份工作需要掌握的知识。

大家千万不要忽视定义，定义可以看作是这份工作的标准和要求。严格按照定义来执行，时时回顾和检验，才能避免偏离航道。

2. 对内容的专业

在一个综艺节目中，所有的重要岗位都要服务于内容。内容的产生分为三个阶段：前期导演团队的策划阶段，讨论选题、梳理故事、塑造人物等；中期拍摄阶段，摄像、舞美、音响、道具等人员相互配合、通力合作；后期制作阶段，融合包装、剪辑、配乐等。

艺人统筹需要具备导演思维，要清楚以上每个阶段是什么、谁在做、怎么做出来的、为什么要这样做。尤其是在前期的内容研发阶段，艺人统筹参与得越深入，理解得越深刻，越能够知道这个节目要拍什么、怎么拍。

当你能够跟艺人和艺人团队一起讨论内容的时候，就从"旁观者"变成了"共创者"，就能帮助艺人在节目中更好地理解和呈现，自然而然就会更快获得他们的信赖和认可。

3. 对人的专业

请大家从现在开始牢记这六字法则：尊重、理解、协同。

很多人不懂尊重，既不尊重自己也不尊重他人。艺人统筹如果不知道什么是尊重，你的职业生涯很快就会夭折。

你会接触各个环节的合作伙伴，他们做的每件事都是自己岗位上重要的事。比如，对于一个道具人员来讲，哪怕是一页纸、一支笔都是需要他去保管和维护的。在别人看来微不足道的事，对于这个岗位的人来讲都是重要的事。

尊重就是能够像重视自己的事情一样重视别人的工作和成果。只有在尊重的前提下，你才会带着敬畏之心去观察别人在做什么，为什么要这样做，你可以从中学到什么。只有在尊重的前提下，你才能做到理解和换位思考。只有在理解对方后，你才能够求同存异，找到大家共同的需求，达成一致的目标。

对人的专业体现在对内容的专业上，对内容的专业又渗透着对人的尊重、理解和协同。两者相互作用、相互影响，最后沉淀在个人身上形成你的专业口碑。

二、行业知识

1. 文娱行业

不了解文娱行业，艺人统筹就不知道现在有哪些艺人受到市场关注；不清楚他们的作品、口碑、商业化情况等，艺人统筹在节目筹备阶段就无法提出想法和策略。其实就是不知道应该找谁。

不了解文娱行业，艺人统筹就会迷失正确的方向，甚至不会有风控意识。艺人统筹不知道哪些艺人能用，哪些艺人为什么不能用。最后，节目因审查通过不了暂停播出，这是非常严重的事情。

2. 媒体行业

不了解媒体行业，艺人统筹就不清楚这个行业在不同平台的特征、优势和机制。比如，电视台对艺人统筹和互联网对艺人统筹的要求会有明显差别。传统媒体的艺人统筹更偏执行，注重在拍摄现场对艺人的服务；互联网的艺人统筹更像是项目经理，注重统筹和管理部分。

很多从节目制作公司或者卫视频道转型到互联网视频平台做艺人统筹的人，一开始都会觉得很难适应。因为过去主要是跟导演组和艺人团队打交道，不需要沟通、协调其他部门。到了互联网视频平台，艺人统筹会发现，市场、运营、商业化部门都需要你来协商，财务、法务、税务三个部门也变成你日常打交道的部门。除此之外，你还要了解互联网视频平台的各种产品，以便知道怎样最大化艺人的价值。

过去，在谈艺人方面你是单兵作战，但是到了互联网视频平台以后，有一支队伍在你的背后。若要发挥这支队伍的作用，就需要你开阔眼界和打开格局，迅速学习和进步，提升自己的综合能力。

3. 综艺制作行业

不了解综艺制作行业；不知道综艺节目的制作流程有哪些环节，具体都需要做什么；不知道什么是真人秀；不知道总导演和编剧的区别；不知道节目是怎么拍摄出来的，设置了多少相关岗位。

如果上述这些入门知识都不清楚的话，即便侥幸做了艺人统筹，你也会感到头大。因为每天面对的人，以及他们做的事，你都一无所知。你在艺人面前也会有很大的压力，因为对方问你关于综艺节目制作的任何事情，你都回答不上来。

那怎么办呢？学呗，而且是现场学。在进入这个行业之前，你就应该跟着节目组实习。最好什么活儿都干，每个职业都熟悉一下。如果做不到，那就深入导演组学习，把导演组的每个环节都熟悉一下。

如果你运气好，误打误撞已经成了艺人统筹，有机会跟各个制作人和导演团队合作，那么千万别放弃每次学习的机会。千万别怕问了会被人瞧不起，如果职场的第一年不问，职场的第十年还不懂，那才是真正的丢人！

三、领域知识

跟艺人统筹工作息息相关的领域知识有很多，比如艺人统筹工作的重要一环是执行艺人合同的签约和履行，这就涉及财务部门审阅成本、法务部门审核条款、税务部门审查税收等。

合同里的每一条、每一句，甚至每一个字，站在不同的角度，双方维护的利益都是不一样的。艺人统筹的工作就是，既要满足艺人方的合理需求，也要保障公司的合法权益。

艺人统筹需要把所有的利益点都指向大家共同的目标，那就是在遵纪守法的前提下成功签约，确保节目顺利录制和播出。

你可能会说，这太难了，很多东西我根本不懂啊！还是那句话，不懂就去学呗！在日常生活中，开始注重每次的学习和提升；在实习锻炼中，不错过每次的观察和提问；在工作岗位中，不错过每次的总结和复盘。勤能补拙、补疑、补一切。

如果你发现这些困难挡住了你，只能说明你不是真的想做艺人统筹这份工作。如果你真的想做，你会发现自己缺少的不是学习的机会，而是热爱。

第五节　艺人统筹需要哪些能力

每项工作都有自己的行业特殊性，艺人统筹也是如此，所以你需要拥有以下三种能力。

一、沟通能力

1. 沟通能力是底层的基本能力

艺人统筹工作的核心是艺人，涉及与艺人相关的方方面面的事务，是以人的沟通为主的工作。如果你不具备沟通能力，或者说不能从工作中锻炼和提升自己的沟通能力，那么你可能很难做好这份工作。

从前期跟制片人、导演团队沟通确定哪个艺人，到开始邀请艺人的时候沟通具体的内容和条款，再到和财务、法务、税务部门沟通合同的权益和履行，以及在执行过程中与相关人员沟通各种突发问题，甚至节目播出后与运营人员沟通推广运营的问题……沟通能力贯穿于艺人统筹的整个工作流程。

当然，如果你觉得自己不是一个擅长沟通的人也不要气馁，后文我会讲述沟通中需要注意的事项。重要的是，我们需要通过这一节的内容，了解到沟通能力对艺人统筹的重要性，以及从此刻开始培养沟通思维。

2. 表达是沟通的基础

很多人认为，表达和沟通是一个意思，其实这两者是A和B、由此及彼的关系。表达是你把话说清楚，沟通是让别人听懂你的话。

很多沟通中的误解，不是沟通本身引起的，而是你没有把自己想要说的话说明白。

艺人统筹这份工作，首先要让自己的表达清晰、准确，然后要确认对方有没有听懂你说的话。

这里存在两种情况。第一种，你觉得自己说清楚了，但是对方没有听懂。此时用一种非常简单的方法就能解决问题：与对方确认信息，而不是想当然地觉得他肯定懂。第二种，你越说越乱，把自己都绕进去了。此时也有一种简单的方法，那就是说之前自己先列重点，把关键词、关键句都提炼出来，在说的过程中随时提醒自己围绕这些关键信息来说。

3. 沟通是两个人互动

沟通的时候，不要只顾着把自己想说的说完，还要考虑对方的反应和情绪。

比如，艺人统筹去跟艺人沟通一个节目，首先你要能够把节目介绍清楚，把邀请的意愿表达明确。你说完了，但是你感觉到艺人有很多顾虑。这个时候，真正的沟通方式不是你接着说这个节目有多好，而是想办法让艺人把自己的顾虑说出来，让对方畅所欲言表达他的想法。当他表达完以后，你才能知道你的感觉是否正确，你才能带着艺人的反馈重新阐述节目组的观点和看法。

如果你只顾着自己滔滔不绝，一来会给人压迫感，让人没有思考的空间；二来会变成你一个人的阐述，而不是真正的互动沟通。

你的意思对方倒是接收到了，但是对方在想什么你一无所知，这样的合作一般都会无疾而终。

二、共情能力

1. 共情不是讲道理

我曾经遇到过两位艺人统筹，她们的沟通方式是完全不一样的。

有一次，她们两个人都因为艺人需要剪辑节目中的某些镜头，找制片人去沟通。

第一位艺人统筹称为A，当制片人不同意的时候，她就连环轰炸，发出很多条微信消息据理力争。大概内容就是艺人团队说了必须删，若不删那以后这位艺人就不与我们合作了。结果就是，两个人互不相让，最后在群里争执起来，其他人看着也很尴尬。

第二位艺人统筹称为B，她没有摆出条条框框，说我需要你这么做的理由，而是一上来就站在制片人的角度，分析如果删掉这些镜头会给内容带来哪些麻烦和伤害。制片人连连回应，"对啊，对啊，就是这些原因所以不能删"。紧接着，B却话锋一转，开始讲艺人是节目中的核心，艺人的积极性越高，节目录制效果越好。如果坚持不删，导致大家都骑虎难下，录制才刚刚开始，怕会影响艺人后续的拍摄状态。两者相比，还是删了给艺人一个顺水人情，后面再让他补拍其他内容，他能更好地配合节目。最后，制片人虽然不情愿，但被B的话说动，还是同意了。

2. 共情是我懂你

什么是共情能力？不是让你"卖惨"，也不是强势，而是让你站在对方的角度去思考：他看到了什么、感受到了什么、在乎什么。

如果你讲你的道理，只能换来对方的道理。真正的共情，共的是对方情感上的关注点，可以敏锐地察觉对方的需求。是我懂你为什么要这样做，以及我已经替你想好了还可以怎么做。不论做什么，都不是我自己的私心，而是两个人共同的目标。

作为艺人统筹，共情能力会让你既有人情味又有原则，既能退又能进，游刃有余。

三、钝感能力

也许有人会疑惑，刚才讲到要共情，需要感受到对方要什么；现在又说要钝感，遮蔽自己的感受，这两点会不会相互矛盾呢？

你能这样想非常好，艺人统筹就需要随时有自己的思考。

1. 钝感能力是一种抗挫力

有的人容易感受到外界对自己的看法，比如别人无意中的一句话、一个眼神、一个动作，都可能会令他浮想联翩。当某件事情没有做好，甚至失误的时候，这些看法就会被无限放大。

艺人统筹每天都会面对各种挑战，压力重重。如果自己的心理承受能力不够好，轻者容易患得患失，重者会被挫败压垮，彻底崩溃。

错误本身没有价值，有价值的是错误能够让我们学到什么，下一次可以正确运用。挫折本身也没有价值，有价值的是能够让我们通过历练习得知识和掌握技能，变成更好的自己。

2. 钝感能力是一种自我保护机制

有人会被认为有一颗"玻璃心"，一碰即碎。如果是做艺人统筹工作，即使你过去有一颗"玻璃心"，现在要让自己修炼一颗坚韧的心。

比如，节目经常面临因为招商不佳而无法启动的情况。此时，不论在这个过程中你付出了多少努力，做了多少关于艺人的功课，甚至已经跟很多艺人达成了合作意向……一旦节目要终止，你就必须用钝感能力面对。

有些艺人需要艺人统筹当面解释和道歉，虽然不能合作了，但要让对方感受到被尊重。有些艺人需要艺人统筹来引导，这个节目不能合作了，如何往下一个节目的方向谈，如何去跟艺人团队沟通，艺人统筹需要考虑角度和策略。

这个时候，钝感能力就是让你别自顾自怜、抱怨运气和环境、质疑自己的能力；这个时候，钝感能力就是让你别想太多，对于已经发生的事情、不可逆转的事情，都不要再去唉声叹气。调整状态，深呼吸，迈开步，迅速重新出发。

艺人统筹还有一些通用能力也非常重要，比如学习力，"不进则退"是对这个行业最好的描述。技术和内容每天都在更新，如果缺乏学习新知识和新技能的能力，自己会越来越吃力。因此，你应该需要什么学什么，以前不会的现在学，已经学会的不断精进。

技不压身，祝你在艺人统筹岗位上尽你所能，学有所成。

第六节　三种心态的人不适合做艺人统筹

一、粉丝心态

1. 弄清楚服务对象是谁

艺人统筹的服务对象是与节目相关的所有艺人，而不是自己喜欢的个别明星。艺人统筹的喜爱和偏好只能藏在心里，根据内容对艺人的需求，寻找最合适的艺人合作。

艺人统筹自己的审美和选择也要让位给节目。艺人统筹需要站在内容的角度，替节目把控审美，挑选出有出众表现的艺人。

艺人统筹不是要成为某位艺人的粉丝，而是要想方设法让艺人在节目中的表现更好，从而取得最佳的节目效果。

2. 艺人统筹跟明星的关系是合作关系

有一部分人想做艺人统筹是为了多跟明星见面，甚至能跟明星做朋友。

朋友是有共同语言而经常交流，在对方需要的时候给予帮助的人。合作伙伴是为达成共同目的相互配合，并且享受权利、承担义务的人。

如果你用朋友的心态对待艺人就会感性和偏颇，容易过分期待，做出不合时宜的事情。只有你把对方当成合作伙伴才能知进退，把握好分寸，克制和理性。

3. 你的价值体系建立在自己身上

你够不够优秀，不在于你喜欢的艺人是不是优秀，而在于你是否足够了解内容，并能很好地向艺人团队表达和阐述；在于你是否知道艺人要什么，并能向节目团队准确地传递和叙述；在于面对各种问题，你能够临危不乱，给团队的人以支持和信心；在于你能为节目和艺人创造什么样的价值……

你是不是受欢迎，取决于大家是否需要你；你有没有归属感和成就感，与艺人无关，与自己的努力有关。

二、猎奇心态

"我想做艺人统筹，因为我想知道很多娱乐消息"，有人是这样想的吗？

1. 艺人统筹可以知道很多娱乐消息

艺人统筹不仅可以知道很多娱乐消息，还可以通过官方信息来验证这些消息的真伪。

举个例子，如果做情感类的节目，艺人统筹大概会了解到谁喜欢什么类型的人，谁跟谁谈过恋爱或者正在恋爱中，甚至谁和谁曾经因为什么事情发生过不愉快的争执和吵闹。如果你为此感到兴奋难抑，觉得这份工作很适合自己，那么我的看法恰好相反，你还是继续做一名观众吧！

另外，我还要建议你赶快远离这份工作，趁早回头是岸。

2. 艺人统筹必备的一项素质是"守口如瓶"

因为艺人的很多信息都会透露给艺人统筹，所以对艺人统筹的职业道德有极高的要求。

比如，签订合同会知道艺人的身份信息，洽谈费用会知道艺人的商务价格，定好录制档期会知道艺人的行程信息……这些都是很容易获取的内容。

如果你一心只想窥探艺人的隐私，连基本的保护艺人都做不到，即使你进入这个行业，也会很快受挫。

信息是从哪里泄露的，特别容易查出来。轻则会留下劣迹口碑，再也做不了文娱行业的相关工作；重则触及法律法规，需要付出相应的代价。

也许你觉得我在危言耸听，人家只是个"好奇宝宝"，只想自己知道不会告诉任何人。且不说你是不是真的能做到，有了"八卦"的念头就容易分心，很难不出差错。

我招人能力是其次，品行排在第一位。能力不够，还可以通过时间培养，甚至我可以手把手亲自带。但品行不佳，一定无法成事。因为人的初衷很难改变，你是冲着什么来的，就会在多大程度上影响过程和结果。

三、炫耀心态

炫耀自己认识多少位明星，炫耀手机里有多少个明星的微信，炫耀自己跟哪位明星吃过饭或者得到过对方什么帮助等。这样的心态会造成两种错误。

1. 把平台效应、节目效应、艺人效应等同于自我效应

艺人跟艺人统筹聊天吃饭，不是要与你谈感情，而是谈合作。艺人选择与你合作，首先是节目内容好，其次是平台资源好，最后是感受到整个制作团队的诚意。

你的作用是打通整个关系链，让合作进行得更顺利。你的重要性不是你本人有多重要，而是你背后的平台、团队、资源有多重要。如果看不清真相，你就会错误地产生优越感甚至居高临下，以为艺人的关系都是自己的关系。

有一天，当你不在其位或者更换平台的时候，你发现那些原本你以为好的关系开始渐渐疏远，就会产生极大的落差，甚至心态崩塌。

2. 把对方目的等同于自我目的，把创造价值等同于维护关系

也许出于礼貌、避免尴尬，在某个场合你和某位艺人交换了社交账号。对于未合作的艺人，他的出发点也许是为了互通信息，比如之后有什么适合的节目可以第一时间了解；对于已经开始合作的艺人，他的出发点也许是解决问题，比如录制中有什么想法或者突发情况，你可以协调和周转。如果你不能发挥自己的作用，你跟对方的目的就背道而驰、相去甚远。

你跟艺人的关系好不好，取决于你能通过节目帮助对方实现多大的价值。如果你只盯着关系，而不去争取价值，你认识再多

的明星和经纪人都没有用。

圈子就这么大,你的炫耀反而会成为别人的笑柄。下次,当你有事要找艺人的时候,你会发现人家早已经不记得你是谁或者把你删除、拉黑了。

工作做得好,你才会得到艺人和经纪团队的认可,他们进而才愿意跟你建立关系。你越有能力为对方赋予价值,你们的关系就越牢靠。关系越牢靠,你的资源和人脉就越稳固,工作就会做得更好,平台和节目组就更需要你。

其实,值得炫耀的不是你与艺人的关系,而是你能不能做好艺人统筹这份工作。

第七节　艺人统筹的应聘和渠道

到现在为止,大家已经知道了艺人统筹这份工作要做什么,以及怎么做,下一步就是去哪里做。

我经常收到私信,关于艺人统筹去哪里应聘及应聘中常问的问题。我从所有问题中筛选出四类大家比较关心的问题进行解答,希望可以帮大家顺利找到工作。

1. 如何确定哪些地方在招聘

大家怎么知道哪些公司设有艺人统筹岗位呢？这里有三个简单有效的技巧，帮大家迅速判断和过滤。

（1）官方招聘。

大家留意经常看到的一些视频公司，密切关注它们的官方招聘账号，比如官网、公众号、招聘号等，如果有相关岗位的需求，一般都会第一时间发布。

（2）节目参与。

视频网站的很多节目都非常注重用户体验，开播前除了会请媒体看片，有时候还会招募观众讨论，尤其重视年轻用户的看片反馈。如果能参与其中，你就有机会认识节目组的人，率先获取招聘信息。

（3）字幕倒推。

无论是影视剧还是综艺节目，所有岗位的设置都会出现在视频的片尾字幕中。

比如，你想知道某公司有没有艺人统筹这个岗位，就可以通过该公司自制的一个综艺节目，直接拉到片尾，找艺人合作部分。通过这种方法，你不仅可以确认岗位信息，还可以看到"艺人总监""艺人选角"等具体的人名。

2. 怎么写出好的简历

招聘方在发布招聘信息的时候，一般都会写清楚岗位职责、岗位要求。但是，我发现很多人根本不看，或者只是泛泛看过，不做深入研究。

我曾经收到过很多简历，有的与我们的招聘方向南辕北辙，有的没有呈现出与岗位要求相关的能力和经验，还有的啰里啰唆，恨不得每件小事都写进去。

这些人只顾着在简历中呈现自己的经历，根本不管要招的是什么样的人。这就好比我们在艺人统筹的能力中提到的一样，只顾说自己想说的不是沟通，在简历中同样如此，自说自话也不叫应聘。

沟通是跟对方互动，让对方听懂你在说什么，并向你做出好的反馈。应聘也是跟对方互动，让对方了解你具备他们想要的能力，并且跟你有进一步联系。

好的简历不是让你妙笔生花，而是能够跟招聘信息相匹配，并且逻辑清晰地表达出来。

若想简历被看到，教给大家我自创的简历七步法。

（1）仔细研读招聘条件，拆解里面的每句话。

（2）理解每个字在表达什么。

（3）对应每句话匹配自己的实际条件。

（4）把每个能匹配和不能匹配的条件都列出来。

（5）把能匹配的条件进行分类，从里面找出最核心的能力和经验写到简历中。

（6）从不能匹配的条件中找出自己最接近的能力和经验，在简历中做解释说明。

（7）最重要的事情最先说。检查最重要的信息是不是放到了第一段，最能突出你优势的信息是不是放到了第一段，最能体现你能力的信息是不是放到了第一段。

3. 自己的经验与招聘要求相差甚远怎么办

举个例子，在艺人统筹的招聘中，必然有的要求：具有一定的艺人资源。但是，很多新人最欠缺的就是资源，怎么办呢？是不是就要告别这个职业了？这里分两种情况。

（1）岗位招的是比较资深的艺人统筹，也就是工作了3~5年的艺人统筹。

如果你完全没有工作经验肯定是不符合的，那么下一步应该找机会去节目组或者平台实习。因为对于实习生来说，资源不是核心能力。

我带过很多实习生，我并不在乎他们有没有资源。有资源是锦上添花，没有资源也很正常。我看重什么呢？看重的是他们是不是有快速学习的能力，是不是做事靠谱，是不是诚信和努力。

对于实习生，很多岗位的要求放在基本能力上，并不会对专业能力有过多要求。因此，没有经验的人，学习和提升自己，让自己了解这个岗位，并且直接在岗位中得到锻炼，是获得这个岗位的必然途径。

（2）你有相关的工作经验，但是没有做过艺人统筹工作。

比如，我曾经面试过一些人，有的做过影视的项目管理，有的做过音乐人的合伙人，还有的做过娱乐记者等。这些都跟文娱行业和艺人服务相关，但都不是艺人统筹工作。

本书也是写给你们的，希望帮助你们完成职业的转型，辅助你们利用自己过去的优势，结合艺人统筹工作的特点和要求，做能力层面的复制和迁移。

我始终认为，很多职业都是相通的，关键是你能不能找到那把钥匙，打开紧闭的门。

4.面试艺人统筹岗位会被问到的问题

（1）问经验。

问到经验的时候，很多人担心面试官质疑自己经验不足，所以格外突出自己在这个行业的时间。但是，这会形成双刃剑，入行时间越早，对你的业务能力和专业要求就越严苛。

我认识一名艺人统筹，他的简历上写着入行七年，一看就应该属于非常资深的艺人统筹。但是，再往下看，他具体做过的节目，能被大众知晓的也就两三个。

其实，这个人的综合能力还是不错的，但因为他在面试的时候强调自己做了七年艺人统筹，所以面试官对他的期待非常高，反而更加疑惑，为什么你的成功案例这么少？

后来，他问我有什么建议给他，我也实事求是地告诉了他这一点。导演"十年磨一剑"磨的是作品本身，但是艺人统筹的经验需要参与到具体节目中不断积累和提升。

（2）问解决案例。

一般面试官会让面试者讲一个曾经遇到的特别棘手或者复杂的案例，然后问面试者是如何处理这个案例的。

所以面试者需要提前准备好两三个职业案例，案例要有基本五要素：时间，地点，人物，发生了什么事，最后结果怎样。案例的讲解过程不要变成流水账，要构思好起承转折。

艺人统筹的面试，考察的是一个人的综合能力。你在讲案例的时候，面试官也在判断你的表达能力，与人沟通互动的能力，说话是否有感染力，以及你这个人是不是有趣等。在真实、真诚的前提下，尽可能地把自己的职业案例讲得动听，是一种能够为你加分的能力。

其实不用都讲自己成功的案例，有时候挫折本身是最宝贵的经验，并且讲自己遭受的打击会显得你更加诚实可信，所以可以准备一个无伤大雅的失败案例。所谓无伤大雅就是，那件事你虽然失败了，但是不会影响到团队目标，它成为你个人成长的一种经历。通过那件事，你对艺人统筹工作有了更深刻的理解，反而更加成熟和专业。

（3）问观点和看法。

你怎么看待最近在播的某个节目，你怎么看待某位明星，你怎么看待艺人和内容的关系……

这些是装不出来的，也没有技巧给你参考，一切都需要你从日常的生活、工作中去观察、积累和思考。比如，被问到如何看待某个节目，你会怎么回答？关于这个问题，并没有标准答案。我只能说，在回答问题的时候，你最好多想一下：面试官问这个问题，其实是想知道什么呢？

关于节目的问题，显然不是让你作为外行来看热闹，而是基于艺人统筹这个岗位来提问的。那么，你的着力点应该从邀请的艺人来看，以及艺人和内容的链接效果。如果你在这个层面已经理解错了，那面试官就会判断你的经验尚浅。但是，如果你不仅能一语中的，还能由此及彼，从这个节目说到跟竞品节目的差异，以及该如何优化等。那么，你被录用的可能性就很大了。

面试官问观点和看法，考察的是你对这个行业是否了解，你对市场是否熟悉，你对自己应聘的地方和它的竞品类型是否做过研究和分析等。

通过观点和看法往往可以看出一个人的认知和思维，而一个人的思维决定了他的行为，而行为决定习惯。最后，习惯直接影响到一个人是否能够做好这份工作。

第二章

实操流程

从事艺人统筹，挺好的

第一节　节目策划阶段的步骤

很多人会以为艺人统筹工作的第一步是直接邀约艺人，却容易忽略非常重要的一环，那就是前期策划。并不是只有导演团队才需要想选题、写剧本、梳理故事线，艺人统筹同样需要做前期的工作，只不过策划对象是艺人。具体怎么操作呢？策划阶段可以分为以下三个步骤。

- 分析：根据节目需求，分析艺人的属性。
- 搜集：根据属性，搜集相关艺人的情况。
- 策划：制定有针对性的艺人策略。

这三个步骤分别指向的问题是：知道找什么样的人，为什么找这些人，以及这些人在一起的效果预估。层层递进，会让艺人统筹在邀约艺人的时候思路清晰、目标明确。

接下来，我会通过一个节目，让你跟着策划节奏走一遍，完整地感受一下如何操作。

比如，现在你是某个情感类节目的艺人统筹，这个节目的内容是为希望谈恋爱的单身男女艺人匹配合适的恋爱对象。他们会在节目中认识，并且通过几天的相处，最后决定是否与对方在一起。同时，演播室里与他们关系非常亲密的家人会看到整个相处过程和状态，发表想法和评论，并与观众一起分析和预测结果。

一、分析

1. 节目的需求是什么

需求分为两部分：第一部分是参与真人秀拍摄的，有恋爱需求的单身艺人；第二部分是参与棚内观察的录制嘉宾，需要请到艺人的家人。

2. 如何匹配艺人属性

首先，提取关键词，比如想谈恋爱、单身、家人需要出镜，并围绕这些关键词搜集信息。

其次，你需要判断哪些条件是硬性标准，哪些可以适当宽松。如果节目是给单身艺人找对象，那么正在恋爱中的人肯定就不符合要求，必须严苛筛选，一一排除。但是，有些符合节目条件，却并不想恋爱的艺人，是否可以进行沟通和说服呢？一些家人不方便出镜的，是否可以找关系好的经纪人和朋友替代呢？硬性标准是底线，弹性条件要灵活变通。

二、搜集

1. 网络搜集

通过各种搜索渠道，广泛了解单身艺人，重点关注那些在各种采访报道或者媒体账号中透露过，希望谈恋爱的艺人，或者不想谈恋爱的艺人。

也许你会觉得奇怪，为什么要搜集不想谈恋爱的单身艺人信息？因为人的想法是会随着环境、情境、心境而发生改变的，之前不想不代表之后没有可能。而且，很多艺人不想的背后，也许更耐人寻味。这些细微处的观察和判断，正是验证艺人统筹能力的地方。

这部分主要是通过网络信息大致确认艺人范围。

2. 节目搜集

对于网络搜索出来的艺人名单，下一步就是分析他们曾经参加过哪些节目，在节目中的表达能力和互动效果。

他/她平时给你留下什么印象？节目中又给你留下什么印象？是性格一致还是超级反转？其中有没有让你觉得特别惊喜和意外的地方，艺人的个性还有没有拓展的空间等。特别是他们有没有上过情感类节目，或者类似节目。判断他们的情绪感知能力、沟通能力，以及处理问题的能力。

这部分主要通过艺人以往的综艺作品来预估艺人可能带来的节目效果。

三、策划

1. 艺人名单

根据前面搜集的信息出一份对标的艺人名单，这份名单还没有被验证，只是基于你的经验得出的名单。

没有被验证的意思就是，你还没有向对方的经纪团队了解和确认。比如，有些艺人已经处在恋爱关系中，但是你搜集到的信息是单身，或者你根本搜索不到相关情况，这些都需要艺人统筹在后面的邀请环节一一核实。

如果说内容是节目的骨架，那么艺人就是节目的血肉。每个节目，当它从无到有的那一刻，制片人和导演就已经形成对艺人的想法了。

对于一些难度很大的艺人，也许你会觉得很难撬动。放轻松，没有关系，这不是最终名单，可能会有无数次磨合和碰撞，以及验证之后再调整。因此，名单还会不断地更新和变化。

这个阶段，你的名单是为了帮助节目组拓展思路、聚焦目标。

2. 艺人策略

虽然艺人名单出来了，但是你最好不要罗列在 Word 中，或者列个清单就发给节目组。这样显得比较随意，而随意的东西会让对方不够重视。你要让你的努力有更好的呈现形式，便于节目组完整地了解你的工作思路。

一份专业的名单里面包括艺人名字、当前状况、综艺效果预估、粉丝评价、性格标签、商业状况等。把你能想到的对内容有帮助的信息，尽可能都陈列出来，便于制片人有的放矢地参考。

如果你想做成一份PPT，那完全没问题，甚至非常棒。我的建议是，形式是次要，关键是你需要把搜集过程中的想法、建议都归纳成一、二、三点，有逻辑性、有重点地为节目组提供你的专业判断价值。

以上前期策划的三个步骤：分析、搜集、策划，你都做完以后，大致就会得到制片人对艺人的反馈。你知道哪些艺人可以跟进，哪些艺人可以暂时放弃，哪些艺人可以补充到名单里。

你自己的想法加上节目组反馈的想法，形成了一份新的艺人名单，这份名单才是可以进行艺人邀约的名单。

接下来，我们将进入艺人统筹工作的核心环节——邀约，你准备好了吗？

第二节 艺人统筹工作的核心内容

如果没有艺人，艺人统筹工作还统筹什么呢？所以大家一定要记住，艺人邀约环节是艺人统筹工作的核心内容。

艺人统筹的邀约对象是艺人，但首先要面对的是艺人公司/工作室的负责人，通常都是经纪人。因此，整个邀约阶段可以分为两部分：经纪人部分和艺人部分。

一、向经纪人发出节目邀请

1. 给出节目方案

节目方案可以分为以下两种类型。

- 节目通案：每个节目都有自己的通案，就是可以发给所有艺人团队的方案。一般包括内容简介、拍摄形式、档期安排、拟定邀请嘉宾、执行团队等。
- 定制方案：对于节目中的主要嘉宾或重要嘉宾，节目组一般会提供量身定制的方案。除了节目通案中提到的信息，还有偏重这位艺人的特定信息，比如节目组为什么邀请这位艺人（体现对艺人的了解和诚意），这位艺人为什么要来参加节目（能为艺人提供什么价值）等。

有些节目没有完整的方案，可能就是几句话的内容概要，艺人统筹需要尽可能了解上面提到的这些情况，如节目形式、录制时间、特定需求等，方便与艺人团队沟通。

方案一般由导演组准备，艺人统筹需要站在艺人的角度，提出建议和想法。

有经验的艺人统筹会谨小慎微，尽量照顾到每个环节，不忽略每个细节。比如有些综艺节目，因为邀约PPT中使用的艺人照片不当，方案发过去后，经纪团队感到不悦，迟迟不愿回复。所以艺人统筹别小看细节，细节更能体现诚意和尊重，也会给对方带来更好的感受。

2. 说出你的认知

经纪人是最懂艺人的人，但是这个"懂"建立在艺人的立场上；导演组是最懂内容的人，但是这个"懂"建立在从内容出发的基础上；艺人统筹是连接经纪人和导演组的人。

艺人统筹，既能站在艺人的立场上考虑问题，又能站在导演组的角度看待问题。艺人统筹在向经纪人发出节目邀请的时候，除了给出节目组准备好的方案，自己的专业身份还体现在说出你对这个节目的认知，以及你对艺人参加这个节目的认知。方案只是让经纪人对这是一个什么样的节目有大概的了解，你的认知会帮助他们更好地理解和消化方案里的内容。

你可以谈一下在策划阶段，自己搜集到的关于艺人的评论：这些评论会涉及粉丝对他的期待，比如希望他参加类似的节目，或者想要看到他性格中的某一面，而这一面在这个节目中会被放大。你也可以谈一下你对艺人上过的综艺节目的看法：你认为哪些节目很适合他，哪些类型其实会消耗他，他还有哪些空间可以在节目中呈现。你还可以谈艺人近期的作品,谈综艺节目能带给他的发展,甚至可以谈谈你对这个行业的看法。

说出自己的认知,体现你对艺人的关注度,展现你的热情,让你跟经纪人有深入沟通的机会。

3. 得到经纪人的反馈

前面两步,艺人统筹只是把需求传递给经纪人。经纪人有没有理解,甚至能不能引起共鸣,就要看这一步的反馈。

刚做艺人统筹的新人,很容易忽略某些问题。如果对方的回复是"好的,收到",会以为这就是反馈。

所谓"收到",你至少要跟对方确认,他有没有不清楚的地方;如果没有,你还需要进一步问对方,他有没有什么问题需要了解。提问能带来进一步的信息。你要主动引导经纪人提问,而不是在"收到"后,真的各自安好,然后杳无音信。

当你把内容、形式、时间向对方介绍完后,你同样需要得到对方在档期、意愿,甚至价格上的反馈。

当经纪人什么都不愿意同你讲的时候,你就要警惕了,这是一个非常不妙的拒绝信号。也许已经有同类型的节目正在邀请他们,也许他们对这类节目完全没有兴趣。

反馈是对邀约结果的初步验证。你获得的反馈越多，说明艺人参加这个节目的可能性越大；你获得的反馈越多，对于节目的推进就越有利。

二、约艺人本人沟通内容

接下来就是邀约艺人的环节，前面艺人统筹获得的反馈越多，这个环节越顺理成章。如果内容能够得到经纪团队的认可，经纪人就会积极地向艺人介绍节目。

1. 电话会议

因为艺人的时间很宝贵，电话会议是最有效率、最节省成本的沟通方式。

一般参与电话会议的人有：制片人和艺人统筹团队，导演组核心团队，艺人核心团队，艺人本人。

虽然是线上会议的方式，但这是大家第一次正式沟通，所以艺人统筹要做充分准备。在会议之前，艺人统筹要列出艺人可能问到的问题，以及感兴趣的内容。对于在跟经纪人沟通过程中，对方提及的顾虑，艺人统筹要做详尽的解答。

此外，在电话会议中，更建议视频会议。因为我们见艺人的目的是了解对方的状态，视频会议更加直观。视频会议也会让沟通显得亲切和自然，有利于大家加深感情。

当然，如果艺人所处的环境不方便，只能语音的话，就需要艺人统筹和导演更加积极主动。在会议中调动大家的情绪，让艺人和团队能开诚布公地说出自己的想法和意见。

还是那句话，邀约不是为了传递信息，而是为了验证前面搜集的信息。目的是进一步评估，这个艺人是不是真的适合这个节目，以及对方真正的需求和想法。

2. 见面洽谈

如果艺人对这个节目表示感兴趣，就容易促成当面沟通。

见面洽谈，人数不宜过多，最好控制在三至四人，比如一位总导演、一位制片人、一位艺人统筹，最多再加一位总编剧。因为人一多会给艺人压迫感，容易干扰艺人状态。并且，人多的场合，谈话很难深入，会分散注意力。

见面洽谈的目的，一是印证电话会议的判断，二是希望艺人为节目提供更多的想法。没有什么比面对面更能观察一个人，也没有什么比面对面更容易形成信任感。因此，即使有了电话会议，艺人统筹还是要尽可能争取到跟艺人见面的机会。

见面的时候，要注意避免节目组说太多，而忽略了艺人及其团队传递的有效信息。听对方说，引导对方提问，辅助对方理解内容等，这样才能取得好的效果。

如果节目组一不留意说了太多，就会削减宝贵的见面时间。更重要的是，节目组容易在见面后造成一种心理错觉，认为这次见面聊得太愉快了，接下来一定可以达成合作。只有艺人觉得聊得愉快，才有合作的机会。否则，那叫什么？自嗨！

邀约是艺人统筹第一次面对艺人团队、面对艺人本人，所有的感情基础、信任基础都是从这个时候开始建立的。如果邀约过程给艺人团队和艺人留下了很好的印象，那么后面的合同谈判、正式录制都会顺利一些。毕竟，没有谁会真的为难自己喜欢的人，不是吗？

第三节 做好信任的奠基石

有一次，我们组有个艺人统筹要买房。他说，当他把购房合同中的问题一一指出来，并现场修改发给中介人员的时候，对方还以为他是律师。

"也不想想我跟法务谈过多少份合同，想蒙我那是不可能的。"他说。我们都开玩笑起哄道："那是必须的，谁不知道你是艺人统筹啊！"

很多人确实不知道，优秀的艺人统筹具有一定的法务能力。

一、艺人统筹要用法律的量尺做风险预判

艺人统筹要坚决落实有关部门的规定和行业自律公约要求，当涉及原则问题时，绝不能有丝毫越界，更不能有侥幸心理。艺人有以下情况的，要杜绝合作：

- 在国家立场问题上，发表过不当言论的艺人；
- 违反了法律法规的艺人；
- 对社会带来严重负面影响的艺人；
- 违反了公序良俗，引发恶劣影响的艺人；
- 被公开点名，有严重失德问题的艺人；
- 行业口碑差，有德行不正风险的艺人，等等。

很多时候，刚入行的艺人统筹由于经验不足，无法准确地预判合作风险。此时，更需要我们时刻警惕，秉持正确的价值观和利益观，深耕专业修为，提升法律意识，谨记道德观念，培养像法务一样的敏感性和警觉性。

二、综艺节目的艺人合同流程

1. 合同发给艺人之前，要经过三个步骤

第一步：由专业法务提供合同模板，给艺人统筹参考。模板中提到的是一些通用条款和内容，保障的是艺人统筹服务的平台或者公司的利益。

第二步：由艺人统筹根据节目组的诉求、艺人方的需求，以及行业的规范性等，对法务提供的模板进行调整和补充。

第三步：由艺人统筹将修改后的合同，反馈给法务做进一步审核。审核没有问题的话，就可以发给艺人的经纪公司了。

这里重点要讲的是第二步——艺人统筹如何进行合同修改。

2. 艺人统筹如何进行合同修改

让艺人参加这个节目，是这份合同最大的意义，所以艺人统筹可以参照下面的思路进行操作。

首先，艺人为什么要来？比如，录制什么节目，录制的时间、地点，其他嘉宾等，这些与节目有关的基本信息要写进合同里。

其次，哪些人会一起来？比如，录制节目的是艺人本人，随行人员有经纪人、助理、化妆师、造型师等，以及涉及这部分人的机票、酒店、餐饮等信息要写进合同里。

最后，艺人是如何参与的？艺人的参与形式，一般分为市场推广的参与和商业化配合的参与。

- 市场推广的参与：艺人本人的社交媒体账号会有几次互动，艺人会接受多少次媒体专访，艺人需要参加几次线下的宣传活动，艺人需要配合多少栏目互动等，这些与节目宣传相关的参与形式要写进合同里。

● 商业化配合的参与：节目的冠名商需要艺人做哪些事情，比如口播、出镜展示产品、情景式广告植入等。

在这个部分，艺人统筹先不用顾虑艺人是否会完全配合的问题，而是尽可能地将内容、运营、市场、商业化等各部门的需求都考虑到。不同的艺人能够配合的程度肯定不一样，就算你写进合同里，对方公司的法务也会将其删掉或者对条款进行修订。但是，这并不妨碍我们大胆地提出自己的要求。你提了，有谈判的可能；你提都不提，那就完全没有机会了。

三、艺人统筹对合同的态度

1. 坚持而不尖锐

讨论合同反反复复是非常正常的。我沟通过的一份合同，来来回回修改了十几遍，艺人方的法务一个字一个字地扣，风险意识极强。

有时候，一些艺人统筹会跟我抱怨："姐，真的忍不住想冲对方发火怎么办？""我们是爱你才请你，不是要害你。""害了你对我们的节目有什么好处呢？""为什么总是不相信我们？"这些都是长期被合同折磨的艺人统筹的心声啊！

对于大家的心情我非常理解，但是我会请大家换个角度看待问题。合同本来就是权利和义务的体现，前面越严谨，后面出错的概率就越小，合作的信任度就越高。

尖锐很简单，直接说出自己的不爽就好了，但是难的是坚持。坚持不懈地就某处有歧义的地方进行积极的解释，坚持不懈地就某个不能让步的条款进行积极的沟通，坚持不懈地就某个还没有达成共识的需求进行积极的推进。尖锐和坚持之间，比的是专业素质和格局。

2. 强韧而不强硬

游刃有余说的是一个人做事充满弹性、很灵活。在合同沟通阶段，艺人统筹的韧性比硬性更重要。

举个例子，比如需要艺人在自己的社交媒体账号上发布与节目相关的内容，但是有的艺人不喜欢这种互动方式，于是拒绝了。

强硬的艺人统筹为了完成任务会在语言上施压。如果艺人团队仍拒绝的话，甚至会以不配合就换人为由为难经纪人。结果就是，要么艺人坚持到底仍不配合，怎么"威胁"都没有用；要么艺人团队做了妥协，但是不再信任这个艺人统筹，大家关系就此破裂。艺人统筹的口碑会因此受损，如果事情传到其他艺人团队中，那么这个艺人统筹今后在这个行业很容易招人非议。虽然艺人统筹的出发点是为了节目，但产生了适得其反的效果。

那么，强韧的艺人统筹会怎么做呢？他不会一条路硬到底，而会寻求多条出路。

如果艺人不同意在社交媒体账号上发布，是否可以置换其他产品？如果艺人不喜欢这种形式，那么哪些形式是他喜欢且能接受的？在艺人能接受的形式中，节目组是否可以为艺人量身定制一些营销话题？强韧的艺人统筹绝不会被轻易说服，但他们会有耐心、包容心、理解心，用开放的态度去探寻双赢的可能性。

除了制作合同、修改合同，在节目的拍摄过程中，还有非常重要的事情，那就是合同的执行。

合同贯彻了艺人参加节目的整个流程。从邀约开始，到拍摄完成，再到节目上线，最后是完整播出。艺人统筹应该对合同有敬畏之情，认真对待，不偏不倚。其实，对合同负责就是对人负责，而对人的信任从对合同的信任开始。

第四节　录制现场的核对心法

节目要开始录制了，这时候艺人统筹的心情会很矛盾、复杂。从策划、邀约到合同……检验艺人统筹录制前的工作是否有效达成，就看录制现场的情况。前期的充分准备，就是为了减少不必要的失误。如果没有现场核对，艺人统筹仍一刻都不能松懈。

艺人统筹到了现场，需要核对什么呢？为了大家不用去记那些烦琐的流程，我原创了一个非常简单的方式，大家只需要记住下面四个字，就能在录制前有条不紊地进行核对。这四字心法就是：衣、食、住、行。

一、衣：艺人的服装、化妆、造型等

首先要核对的是艺人的服装、化妆、造型等。

有一种情况是，如果节目组没有特殊要求，艺人团队会根据对内容的理解，自己准备服装。

还有一种情况是，节目组对服装和化妆有特殊要求，比如一些舞台感较强的节目，一些竞演类的真人秀等，希望艺人出镜的服装更华丽、更有表现力等，艺人团队也会参考节目组的建议，在录制前把准备好的服装发给导演组确认。

服装一般不会有什么问题。但是，我曾经遇到过，造型师把艺人要穿的某条裙子落在了酒店，后来经艺人统筹提醒，他们迅速派人回酒店去取，才没有耽误录制。在艺人团队抵达现场后，艺人统筹仍然需要跟经纪人就服装和造型进行一些简单的沟通。

艺人统筹的字典里没有万一，每次的小纰漏都有可能引发大失误。

二、食：给艺人和团队准备的餐食、饮料等

吃的部分，艺人统筹尤其需要重视。这不仅是食物喜好的问题，还涉及文化信仰、职业特殊性、相关代言等。比如，并不是所有人都吃猪肉，有的艺人本人或者团队中有少数民族的工作人员，艺人统筹需要反复确认食物，给予对方尊重。再比如，国家运动员等一些体育职业的人参加节目，他们会对喝的水、吃的东西有更严格的要求，艺人统筹要仔细检查，给对方安全感。又比如，有些艺人有食品饮料代言，那么现场最好出现他代言的产品，如果有其他品牌，也要把相关的商标和引起争议的外包装撕掉。

吃，因人而异，所以这时候清单就特别好用。在录制之前，艺人统筹需要从艺人团队那里搜集他们的饮食需求，一般包括是否是素食者、是否吃猪肉、是否吃辣、其他忌口、特殊偏好等。然后，将这些饮食需求整理成表格，提前交给制片组准备。到达现场之后，艺人统筹将饮食需求与制片人员进行核对，并现场检查是否有遗漏，如果有不足之处立即想办法弥补。

三、住：艺人和团队的化妆间、休息室等

当条件宽裕的时候，艺人有独立的化妆间和休息室。当场地受到限制，没有那么多房间的时候，可能出现两三人共用化妆间和休息室的情况。独立的化妆间和休息室，只要按照经纪人的要求来安排，一般不会出什么问题。下面要说的是，多位艺人共用化妆间和休息室的情况。

艺人统筹到达现场后，主要核对共用的化妆间和休息室是否安排妥当。两三位艺人，再加上工作人员，就是一群人挤在一个房间里。虽然想要每位艺人都满意节目组的安排很难，但是艺人统筹记住下面这些注意事项，至少能减少一些不必要的麻烦。

- 尽量避免化妆间和休息室没有区分，最好化妆间是一个区域，休息室是另一个区域。
- 休息室尽量避免超过两位艺人，如有超出，把关系熟的艺人安排在一起。
- 只要是共用的情况，必须提前获得艺人和经纪人的同意，并且尽量听取对方的建议。
- 共用不代表通用。每位艺人及其团队的需求都要反复核对，尊重对方的习惯，绝对不能混淆。

四、行：艺人的上台路线、候场位置等

在录制之前，艺人统筹一般会熟悉环境，走一走艺人的开场、候场、表演等路线。一般来说，艺人统筹至少需要走三遍，甚至更多。

- 第一遍，现场导演带着艺人统筹走一遍，主要是发现问题，看看有哪些地方需要优化。
- 第二遍，艺人统筹带着艺人经纪人走一遍，方便经纪人站在艺人的角度，反馈是否需要调整。
- 第三遍，艺人统筹带着艺人和经纪团队走一遍，让艺人了

解流程，感受现场氛围，同时提出自己的建议等。

"行"的部分需要艺人统筹高度警惕，注意安全第一。录音棚里有很多机器设备、各种线路，加上台下光线较暗，稍不留意就容易磕磕绊绊、摔倒碰伤。尤其对于穿高跟鞋的女艺人，艺人统筹需要多多提醒。

艺人统筹走流程路线要格外细心，设身处地地感受每处可能给艺人带来的不便，及时去跟导演团队沟通。当发现问题的时候，艺人统筹不要觉得自己小题大做，更不要有艺人及其团队"作"的念头。在安全问题面前，任何一点隐患都有可能酿成追悔莫及的大错。这时候，宁可相信你的感觉，相信你的专业敏锐度。前面的准备工作做得再好，如果现场状况不断，频频让艺人及其团队感到不舒服，势必影响艺人录制的状态。

核对的目的是看与艺人相关的一切事宜是否准确无误，这就好像我们听到的一声令下：预备——跑！预备后，序幕就正式拉开了。

第五节　从外行到内行的过程

前一节我们讲了，艺人统筹在现场可以通过"衣、食、住、行"四个步骤，核对录制前的工作。核对要达到的目的是，避免艺人因为节目外的其他事情受到干扰，保证艺人在录制中集中精力、情绪稳定。请记住，是确保艺人的状态，而不是艺人统筹自我沉浸的情绪高涨。

有些新加入这个行业，甚至做过几年艺人统筹的人，在录制现场容易出现一种误解，以为只要核对中不出错，自己的现场工作就完成了。剩下的时间，便愉快地跟各经纪团队一起，坐在那儿聊天看"热闹"。这样看下去，不管做几年艺人统筹，很可能还是外行。因为内行在录制过程中，还有一项非常重要的工作，那就是觉察。

一、觉察艺人的状态

1. 对于艺人的现场表现，要能说出具体的点

我去一个节目现场探班，艺人统筹小玉出来接我，我问她前面录制的怎么样，她很兴奋地说都挺好的。"好在哪里啊？"我很感兴趣。她说："今天现场有一个话题，即大家怎么看待恋爱的时候，男生对女生说'多喝热水'，没想到H艺人跟其他艺人的观点不一样，我感觉她挺有自己的想法。"

"她具体说了什么让你觉得有想法呀？"我问道。小玉挠挠头说："一般女生都会觉得，男生说'多喝热水'这种话很敷衍，但没有想到她会支持。""嗯，那H艺人是怎么表达支持的呢？"我换一种方式问小玉，"这么说吧，以前你对她什么印象？今天什么印象？如果你对她的印象发生了转变，具体是因为她做了什么事？说了什么话呢？"

小玉一脸迷惑，发现自己回答不上来。我继续引导她："你有没有想过，我为什么会问你这些问题？"小玉摇摇头，拉着我的手撒娇说："姐，你肯定有什么技巧要教给我，快别卖关子了！"

我被她逗乐了，于是准备跟她分享一下录制现场会被很多艺人统筹忽略的事情。

2. 艺人统筹要培养问题思维

艺人统筹在现场最重要的工作之一是关注艺人的表现，而艺人的表现效果好不好都是通过具体的细节体现出来的。

小玉很好奇地问："那我应该怎样做呢？""提问题你会吗？"我问她，"多问自己几个问题，答案就逐渐清晰了。"

于是，我带着小玉一起复盘现场的情况。

问题一：棚内观察类节目，对艺人的核心诉求是表达能力。

H艺人的思维再清晰、观点再独特，但如果没有通过自己的语言表达出来，那就是作为"是非题"来回答了。对节目来说，这么好的观点不去深入阐述就浪费了；对艺人来说，明明是一个展现个人价值观的机会，但错过了。

好的观点就这样被淹没，对内容是一种损失，对艺人是一种遗憾。

问题二：如果是艺人的原因，帮艺人剖析动机。

我们接下来需要去跟艺人交流，看看是什么原因导致她没有展开论述。是时间不够，还是现场被其他艺人抢话了；是没有人鼓励她继续说，还是她突然意识到什么不愿意继续说下去……我们的责任就是帮她找到原因、发现动机，让她下次录制能表现得更好。

当我们帮助艺人还原现场、厘清思路，艺人会感受到我们的真诚，觉得我们很专业。因为我们看到了她的优势，并且愿意帮助她把优势放大。信任就是这样产生的。

问题三：如果是艺人统筹的原因，需要带着问题思维去觉察。

比如，艺人统筹有意识地记录艺人的闪光点或者金句，这些好的观点和表达可以成为你跟艺人复盘、总结的桥梁。谁都喜欢重视自己的人，你们之间的信任就再次提升了。

我们在现场一定要带着问题思维去观察和思考。如果今天某艺人给你的感觉跟过去不同，那么你要问自己，是什么不同？过去你怎么看？今天怎么看？这种不同是因为话题，还是现场的嘉宾产生了不同的化学反应？这种不同你认为在节目中是不是观众想看到的？这种差异和变化如何更好地体现在节目中……

小玉若有所思又感到不好意思。她说："天啦，我突然觉得思路开阔了，以前我都没有想过这些问题！"我告诉她，这里只是列举了三个问题，你还可以"依葫芦画瓢"，找出更多问题来问自己。过去没有想过，是因为你没有这种认知，这样做艺人统筹成长是缓慢的，甚至会停滞不前。如果能带着觉察思维去看现场，多问自己一些问题，你就会发现一切都不同了，成长也是迅速的。

3. 觉察四字心法：悲、欢、离、合

培养觉察思维，需要一定的时间和经验沉淀过程。对于新入行的艺人统筹来说，很难迅速上手。在这里，我有一个原创秘诀教给大家。

只要记住了四个字，你就掌握了现场觉察艺人状态的法宝。这四字心法就是：悲、欢、离、合。

- 悲：艺人因为什么事/话难过。什么事/话会触动他的情绪，让他感动；什么事/话会令对方不开心。他的情绪是直接表现出来，还是隐忍不发。
- 欢：艺人因为什么事/话开心。聊到哪些话题的时候最激动，高兴起来是什么样的状态，跟平时有什么样的不同等。
- 离：艺人会回避什么事/话。聊到什么话题会躲闪，躲闪的方式是直接还是间接；表达拒绝的时候是直截了当，还是委婉兜圈子等。
- 合：艺人同谁互动容易形成新的气场。跟哪位艺人一起状态更轻松，跟哪位艺人一起状态更容易紧张；跟谁的观点一致，跟谁的观点不同等。

二、觉察自己的身份

觉察艺人的状态，只是其中一部分，还有一部分是艺人统筹在现场需要明确自己的身份。

化妆师需要对艺人的妆感、美感负责。他看的是镜头那边，艺人的脸上有没有浮粉或者出油，口红有没有"被吃掉"，头发有没有扁塌，要不要补妆和整理发型等。

经纪人呢，他们要对艺人的整体状态负责，有造型，有言行，还有眼神动作等，所以要兼顾方方面面，要"眼观六路，耳听八方"。

那么，艺人统筹是什么身份？艺人统筹是连接节目组和艺人团队的桥梁。艺人统筹在节目现场要用三重身份去觉察自己的工作。

- 站在内容的角度，去看艺人的状态和发挥，有没有取得我们期待的效果，有没有惊喜，有没有失误……
- 站在经纪人的角度，考虑艺人说的话会不会被曲解，跟大家的配合有没有默契，怎样帮助艺人在节目中更加出彩……
- 站在艺人的角度，去想对方为什么会这样。刚才那个瞬间表现得特别好，发生了什么事？哪个瞬间艺人情绪受到了影响？某个细节对他是加分项还是减分项？

节目组的镜子是导演，导演更多考虑的是整体内容需求。艺人的镜子是经纪人，但有时经纪人只能站在自己的角度，两者都难免偏颇。只有艺人统筹是三点合一，面面俱到。

看到这里，你可能会说："天啦，在现场要考虑这么多吗？"如果你只是希望混下去，那不出错就行了；如果你希望被艺人及其团队记住，希望获得节目组和导演组的尊重和认可，那么就需要考虑这些。一个优秀的艺人统筹，绝不是只看到某个方面，而是方方面面都需要看到、听到，然后过滤和整合。

在现场的机会，不是艺人统筹用来社交的。每次录制都是独一无二的深度学习和提升的机会。因为你发现的问题，想不通的道理和困惑，通过及时地跟导演组、艺人团队沟通，都会得到反馈，而每次的问题和答案都会让你离专业两个字更近。

第六节　还原录制中真实的感受

在录制现场，艺人统筹通过觉察艺人的情绪和状态，在脑子里有了不少疑问。之所以会有疑问，那是因为在这些觉察中，有很多是艺人统筹本人的主观臆想和判断。比如，上一节中的艺人统筹小玉回答不了我的问题：为什么觉得H艺人的现场表现好？她说不出好的具体细节。

H艺人为什么没有充分阐释自己的观点？当时发生了什么事情？是被其他艺人打断了思路，还是她说到一半有顾虑？或者她觉得自己已经完整表达了,并且对自己的表达非常满意?或者小玉陷入了"自嗨式"的录制情绪中,忘了觉察自己的身份?

在一场录制结束之后,艺人统筹需要带着这些未解之谜去向艺人及其经纪人反馈,还原真实的答案,以便调整和优化艺人后面的录制状态。

一、反馈的时机

录制结束后,艺人统筹找艺人沟通,时机很重要,好的时机能让反馈效果加倍。反之,不仅聊不出什么内容,还会干扰到艺人的录制状态。

时机包括两部分:时间和场景。

1. 时间

艺人统筹要考虑,艺人是不是有充足的时间来交流。时间短,比如就十几分钟的补妆时间,建议艺人统筹不要去打扰艺人,有可能对方还沉浸在刚才录制的状态中,不宜立即沟通感受。

如果艺人统筹觉得有一些可以在接下来的录制中调整和优化的部分,可以视情况先找经纪人聊一下,让他知道。如果遇到需要艺人本人知道非说不可的事情,在这种情况下,一般制片人和导演都会陪同艺人统筹去协调解决。

以下两种比较适宜的时间，艺人统筹可以酌情参考。

- 一期节目与下期节目的录制区间，比如午饭、晚饭这种间隔至少一小时以上的时机。
- 当天所有的录制结束后，如果艺人不需要立即离开，时间也相对充裕。

2. 场景

前面我们说过，如果是录制间隙，比如艺人十几分钟的补妆时间，不太建议交流感受。这里面除了时间短，无法展开沟通，还有一个很重要的因素，那就是不是最佳的交流场景。

反馈要倾听对方的感受，然后交流彼此的想法。补妆的时候，艺人需要乖乖坐着，不太方便一直讲话。如果艺人统筹说的太多、听的很少，反馈的效果就会打折扣，所以要尽量选择以下几个场景。

- 便于聊天的场景：化妆的时候不方便，做头发的时候就相对方便。
- 吃饭的场景：大家习惯在吃饭的时候闲聊家常，因为状态比较轻松。
- 休闲的场景：饭前、饭后空闲的时间，艺人玩手机或跟工作人员聊天的时候。

选好了时机，艺人统筹不是直接找到艺人就说，反馈的内容和形式同样影响着沟通的效果。艺人统筹不知道怎么说，可以参照下面三个步骤。

二、反馈的三个步骤

1. 梳理

首先要厘清自己的思路，把你觉察到的情况进行整理和分类，然后找出关键因素和关键问题。

还记得上一节讲过的觉察四字心法吗？这四个字分别是：悲、欢、离、合，代表了艺人在现场的四种状态。艺人统筹在进行梳理的时候，可以参考这个心法，用这四个字来归纳你看到的、想到的点。梳理的过程，既能锻炼艺人统筹复盘现场的能力，又能提升艺人统筹的提问思维。

没有经过梳理的反馈，很容易想到哪儿说到哪儿，话题很散，专业性不够；经过梳理的反馈，知道自己反馈的目的，紧扣话题，容易聊出有价值的信息。

这里再次跟大家强调，艺人统筹跟艺人、经纪人的每次工作沟通都是在维系信任关系。艺人统筹的表达和思维代表了业务水平。信任是增加还是减弱，就看艺人统筹能不能想得深入，能不能说得准确，能不能帮助艺人提升现场的表现。

2. 复对

经过梳理的点，艺人统筹要跟艺人及其经纪人复对之后，才能验明真伪。复对是为了达成反馈的目的，弄清楚艺人真实的想法。艺人统筹一般要跟艺人复对以下内容。

- 对自己的感受：怎样评价自己的表现，觉得自己的状态如何等。
- 对现场的感受：怎么评价其他人的表现，对录制现场的感受等。
- 印象深刻的地方：在哪个环节、什么话题的表达上，引发了自己的共鸣和感受，所以印象深刻等。
- 留有遗憾的地方：在哪个环节、什么话题的表达上，还不够深入和敞开，所以意犹未尽等。

3. 反馈

反馈可以分为两步：第一步，艺人统筹把自己跟艺人复对的想法及时传给制片人和导演；第二步，制片人和总导演在了解了艺人的想法后产生了更好的录制思路，再反馈给艺人及其经纪团队。

其实，整个节目的录制过程也可以说是循环沟通的反馈过程。艺人统筹随时了解艺人的录制状态和感受，及时让导演组知道这些信息；导演组通过对关键信息的筛选和过滤，及时地调整和优化节目内容。

反馈的最终目的是重视艺人的录制感受，信任艺人对内容的输出，大家齐心协力打造一个有品质、有口碑的好节目。

三、细节的力量

无论是梳理、复对还是反馈，任何一个环节，艺人统筹都需要注意细节，做具体表述。比如，一个好的观点，艺人统筹要能分析出好在哪里，是角度好，还是口头表达好？是因人而异的好，还是大众都觉得好？还有没有机会可以做得更好？艺人统筹会发现，只要层层剖析，答案会越来越清晰。

细节会让艺人在节目中的表现更生动，具象会让艺人在节目中的效果更出众。

为什么有的艺人统筹说话有分量，艺人及其经纪团队都能听进去；有的艺人统筹说了就跟没说一样，说再多别人也当"耳旁风"。其中的原因有很多，但非常重要的一点是对细节的处理和对具体问题的表述。艺人统筹应该培养自己思维上抽丝剥茧的习惯，让每次沟通和反馈都有效果。

第七节　打造核心竞争力

之前，我面试过一位艺人统筹，她的简历上特别标明：入行五年，资深艺人统筹。当我问她一些艺人统筹执行层面的操作和流程时，她都能应答自如。但是，当我问她一些关于解决问题的思路，对复杂的突发状况的处理，同时驾驭多个节目的策略等内容时，她都回答的支支吾吾。

我觉得很遗憾的是，她虽然做了五年的艺人统筹，只是有了经验，但没有把经验沉淀成自己的方法，用来扩展和提升解决问题的能力。她的条件符合做一名艺人统筹的基本标准，却不符合有五年资深经验的标准。为什么会出现这种情况呢？

不知道你有没有听过一万小时定律，讲的是做任何事情，想要成为这个行业的专家，至少要付出一万小时的时间成本。可是，大多数人都误解了，以为一万小时是重复去做，做的时间够久。其实，执行的次数（时间）只是努力的基础，执行的质量（方法）才是真正拉开差距的原因。

普通的艺人统筹，在每次录制结束后忙着庆功；优秀的艺人统筹，在每次录制结束后忙着复盘。

一、复盘是提升质量最简单有效的方法

1. 复盘很难

艺人统筹小C满脸愁容地找我，说不知道怎么复盘，只要一想到这两个字就觉得很麻烦、很庞大，无从下手。

于是，我问他："每次节目的录制间隙，或者节目录制完后，

你会找艺人团队聊几句吗？问问他们对现场的感受，了解一下艺人的情绪，听听他们的建议等。""当然会啊！"小C回答。

我接着问："如果他们对某个环节的设计有自己的想法，对某些话题的争议想要在录制时调整，你会不会第一时间找到导演组去协商？也许，你还会拉着导演组和艺人、艺人团队开个会，大家面对面讨论？""嗯嗯，没错！"小C点点头。

我继续说道："沟通完后，导演组和艺人都更加理解对方的需求。于是，下次录制的时候，不会重复上次遇到的问题。并且，下次录制听取了艺人的建议，进行了内容优化。"

小C不解地问："这跟复盘有什么关系吗？"我笑着说："这就是复盘啊！"

"什么，这就是复盘？"小C不可思议地看着我，"复盘真这么简单？不用做PPT？不用画思维导图？不用写成Word方案？"

我被逗乐了，原来大家把复盘想得太复杂了。

2. 什么是复盘

我们要知道，录制结束后为什么要复盘。艺人统筹的终极目标与节目组一致，提升节目的品质和口碑，共同打造爆款内容。艺人统筹要做的事情就是，尽量满足内容对艺人的需求，提升艺人在节目中的表现。因此，复盘的目的就是看需求有没有被满足，从而预估节目效果。

小C平时做的事情，其实是一种无意识的复盘行为。对已经发生的事情进行回顾（询问艺人录制感受），评估结果（艺人要调整部分环节和话题），分析原因（和导演组一起开会），进行总结（下次录制改进部分）。只不过，小C没有通过这个过程形成一套自己的复盘方法。他缺少的是找出这些问题背后的规律，再运用到不同的场景中去。因此，虽然小C每次都在做着复盘的事情，但是总是在解决相同的问题。

无意识的复盘能解决当下的单个问题，而有意识的复盘能解决所有类似的复杂问题。

二、如何进行有意识的复盘

（一）复盘需求

1. 合同需求

履行合同的条款是所有需求中的基本要求，所以首先要对应合同来复盘。比如，对应内容条款，艺人是不是按照约定时间到达录制地点，有没有配合沟通好的内容；对应运营条款，艺人有没有完成ID录制，有没有在社交媒体账号上进行节目宣传；对应商务条款，艺人有没有完成既定的口播，有没有完成和产品的互动等。

这部分在复盘的时候，主要看完成的过程是否顺利，有没有出现什么问题。如果有,是什么原因造成的,之后在合同签订中是否可以优化条款,或者提高警惕。

2. 新增需求

合同是为了保障合作中双方的权利与义务,不是约束合作关系,所以总会有一些超出合同范围,需要因人而异、因事处理的状况。

艺人统筹在复盘的时候,要重视新增需求的复盘。因为这代表了面对临时状况时,我们的准备工作是否充分,临场应变能力是否需要加强,以及如何高效地沟通,如何解决突发问题等。

比如,合同约定的录制时间是8个小时。在录制过程中,导演组临时希望新增一些内容,需要多录制4个小时。这件事情属于计划外的安排,艺人统筹去跟艺人团队沟通的时候,肯定是有一定难度的。可能出现哪些情况呢?有的艺人团队无条件配合,一切听从节目安排;有的艺人团队是按录制8个小时来安排行程的,如果临时增加录制时间,会打乱后续的计划,所以无法接受;还有的艺人团队或许认为没有必要增加这些内容,8个小时的录制素材已经足够了。

(二)复盘的时候,需要考虑三个问题

1. 发生了什么事

比如,合同里写的是录制8个小时,现在要临时增加4个小时，变成了录制12个小时。

2. 为什么会发生

可能是当天的录制流程被拖延了，所以没有办法按照既定时间录完。在后面的录制中，就需要优化流程、简化结构。也可能是录制不顺利，导演临时调整了内容。艺人统筹需要找到关键因素：是艺人的状态问题，还是内容设计问题。

状态问题要及时跟艺人沟通，帮助对方找到原因，打开症结；内容设计问题要反馈给导演组，让其对内容做出调整，调整后的内容还需要和艺人团队协商。

还可能是录制中，导演从艺人身上获得了新的灵感，所以临时兴起增加拍摄内容。艺人统筹要弄清楚是什么灵感，艺人是否认可；从谁身上获取的灵感，他说了什么话或做了什么事；他身上是否还有其他的潜力可以挖掘，他对内容还能不能带来其他的贡献等。

究竟是为什么，艺人统筹在复盘的时候，一定要找到核心答案。只有弄清楚原因，才能避免问题重复发生、频频发生。最重要的是，艺人统筹要弄清楚这种突发状况有没有必要发生。

3. 有哪些解决方法

复盘事情发生的原因之后，艺人统筹要进行归纳总结、提前演练和灵活复用。

- 归纳总结：对已经发生的这件事情找出几种解决方法。
- 提前演练：当再发生这样的事情时，除了上面几种解决方法，还能想到更好的解决方法。
- 灵活复用：有没有其他突发状况能够参考的方法和使用的经验，找出几条写下来。

也许你已经发现了，所谓无意识和有意识的复盘，核心的差别只有一点，那就是看清事情背后的问题。

艺人统筹处理的都是人的问题。人可能瞬息万变，问题就有千变万化，所以艺人统筹需要在每次录制结束后及时进行复盘。

上述这些经验和方法都会成为你在这个行业中的制胜法宝，成为你的职场竞争力，成为你的专业认可度。

解决问题就这么简单，只需要你去做对的事，而不是做对每件事。

第三章

快速上手

从事艺人统筹,挺好的

第一节　刚入行，没有资源怎么办

当我们还不能看出一个人能力的强弱、人脉的差异时，资源可以从另一个维度展现出一个人在某个行业中所处的位置。也就是说，资源越多越好；可能资历越深，阅历越丰富。反之，资源越少越一般；可能资历较浅，阅历较普通。

资源会成为很多想要做艺人统筹的新人面临的一个非常现实的问题。

一、艺人统筹需要累积哪些资源

1. 艺人经纪团队

对艺人统筹而言，这里的资源首先是指艺人的联络方式，更准确地说，是艺人公司核心岗位负责人的联络方式。一般来说，艺人统筹对接的岗位主要有以下几种。

- 经纪人：帮助艺人寻找好的项目，洽谈各种合作。
- 执行经纪人：配合经纪人，完成艺人合作中的具体任务。
- 宣传总监：负责艺人的市场推广、宣传部分。
- 艺人宣传：配合宣传总监完成具体的宣传任务。
- 艺人助理：负责艺人具体行程、档期等执行部分。

有的经纪人还分为偏综艺的经纪人、偏影视的经纪人，以及偏商务的经纪人。前者对接综艺节目，后两者分别负责艺人的电影、电视剧拍摄，以及品牌代言等。

这些人的联络方式就是艺人统筹打开与艺人合作大门的钥匙。在这里需要特别注意的是，要找到那个"能拍板"的人，才能获得有效的资源。

什么叫"能拍板"呢？举个例子，有的经纪人因为做事专业，所以艺人会听取他的意见，更相信他的判断，那么他就是"能拍板"的人。有的艺人助理看似没有谈过合作，但因为从艺人出道就跟他患难与共，深受艺人的喜欢和信赖，所以他说的话艺人也会重点参考。

艺人统筹要有开放和真诚的心态，广交友，多多获取资源。不要认为除了经纪人，其他人都不重要，更不应该小瞧艺人身边任何一位工作人员。艺人统筹应该一视同仁，对每个人尊重、礼貌，这样才不会错过每个善缘，在行业内才能有越来越多属于你的资源。

2. 节目制作团队

在日常工作中，艺人统筹除了对接艺人和艺人团队的工作人员，打交道最多的就是节目团队的工作伙伴。一般来说，艺人统筹会接触到哪些岗位呢？

- 节目制片人：节目掌舵人，负责节目预算和整体的节目气质、品牌、内容打造。
- 执行制片人：配合节目制片人完成节目具体的拍摄工作。
- 总导演：节目内容的设计者和交付者，怎么拍和拍什么都由总导演决定。
- 执行导演：配合总导演，完成现场拍摄的具体工作。根据工作内容的不同，可以分为前期导演、现场导演、后期导演等。
- 编剧组：辅助总导演完成内容脚本的打磨，以及人物、故事的梳理等。
- 制片组：负责节目组的衣、食、住、行等生活需求。
- 摄像团队：负责现场拍摄、后期剪辑等工作。
- 其他岗位：导播、灯光师、舞美师等，在此不展开论述了。

这些岗位的人，艺人统筹是不是都应该认识呢？我认为，一名对自己有严格要求的艺人统筹应该像一块海绵，不断汲取各方面的养分。不同的岗位都是围绕着节目制作构成的，而艺人作为节目内容中的重要部分，牵一发而动全身，艺人统筹当然是对各岗位越熟悉越好。

打个比方，有位对内容非常坚持己见的导演，让艺人在节目中必须完成一项任务，但是艺人方面已经明确表达了不想做也做不好。于是，双方陷入了僵局。导演希望艺人做这件事，一定有他自己的理由；艺人拒绝完成这件事，也有一定的立场。这时候，如果艺人统筹平时跟这位导演关系比较好，就有了更多去了解和解决问题的机会。

艺人统筹要发挥自己的桥梁作用，让节目制片人、总导演和艺人可以在同一个磁场和频率下进行沟通。最后，不论结果怎样，至少大家都有机会去理解对方的需求。艺人统筹的资源在这个时候就"变现"了——变成了能够改变现实状况的筹码和法宝。

二、艺人统筹从哪里获取资源

1. 节目录制现场的资源

我经常收到一些私信，问我怎么样才能进入这个行业，如何才能成为一名艺人统筹。大部分问我的人都特别纠结，比如我不是学这个专业的怎么办，我不懂相关的知识怎么办，我没有资源怎么办……其实，对于这类问题，我有一个共同的答案，那就是先进入这个行业再说。如果还有人要问，那我怎么进入啊？你可以参考一下第一章的相关内容。

如果你一直观望、一直摇摆，始终不踏出第一步，就永远不能进入这个行业。获取资源也一样，先进入录制现场再说。录制现场有什么？有跟节目拍摄相关的人和事。你进入录制现场就有可能认识这些人、了解这些事，而资源就在其中。

你听过"六度人脉理论"吗？我们和任何一个陌生人之间所间隔的人不会超过六个人。也就是说，最多通过六个中间人，你就能够认识任何一个陌生人。

作为刚刚入行的新人,你一定要丢掉自己的胆怯,放下自己的包袱,大胆地去请教和主动认识别人。现场有那么多岗位,你是新人,可是别人未必是,甚至有很多都是入行数年的资深专家。跟他们认识,你不仅能学本领,还可以拓宽人脉。

请记住,你在录制现场能认识六个人,就有可能找到自己想找的那个人。

2. 身边工作伙伴的资源

我先跟大家分享一个小故事。

有一次,艺人统筹小峰发给我一张聊天记录,希望我帮他确认一下,某艺人的经纪人是不是跟他说话的这位 Y 先生。我感到很好奇。首先,这位艺人跟我们有过多次合作了,身边不少人都有经纪人的微信,小峰为什么不直接问大家呢?其次,小峰是通过什么渠道添加的这位 Y 先生呢?因为他想找的经纪人是一位女士,而非这位 Y 先生。

经过了解才知道,原来小峰刚刚做艺人统筹,他不好意思问大家,担心别人会因为他没有资源看不起他,所以自己去一个宣传群里问的。而且,还发了个大红包。

我真是哭笑不得。我告诉小峰,有些明明可以就近获取的资源，偏偏找了一帮不熟悉的人问，反而会耽误时间，甚至影响做事的效率。我们作为你身边的工作伙伴，也是你的"资源"啊！

在职场上，你的上级、你的同级、你的下级，甚至你遇到的每个人，都有可能是你需要的资源。你要做的不是推开他们，舍近求远，而是认真地用好每个资源，让他们为你的目标服务。在工作中，我们永远要记住，你不是一个人在行动。你没有的资源，也许别人有。今天，你用了别人的资源；明天，你也有能帮上他人的地方。不用自愧不如，也不用自以为是。

资源，对于一位新人艺人统筹来说需要重视，但并非重要。需要重视，新人艺人统筹才会积极地去拓展资源，主动寻求解决问题的方法；不重要，因为资源本质上是由需求决定的，取决于你是谁，能帮助别人解决什么问题。

刚入行的时候与其纠结资源，不如把重心放到实干上。没有人会拒绝认识和链接一个踏实靠谱的人，也没有人会对一个能够处处站在自己立场上考虑问题的人轻易说"不"。认清这一点，你还怕什么呢？资源只是时间问题罢了！

第二节 不懂提问，怎么走对方向

伏尔泰曾经写道：判断一个人，要从他提供的问题，而不是他给出的答案。

一旦把方向搞错了,最后到达的地方,可能与目的地相差甚远。艺人统筹的工作也是如此,懂不懂提问,可能成为最后结果的分水岭。

一、会提问是一种专业表现

假设A和B两位艺人统筹要去做同一件事情。制片人对他们说:我们要做一个电竞节目,这里有一份20人的艺人名单,你们能不能问一下哪些人感兴趣、愿意来?

1. 不懂提问处处绕弯

艺人统筹A接到任务后,根据名单开始询问对方经纪人。

有经纪人问了:录制的具体时间、地点定了吗?艺人要做什么?还有哪些人会参加?有些问题A回答不上来,于是去找制片人询问,然后把答案一一反馈给经纪人。

也有经纪人希望了解,这是一个什么样的节目,除了内容合作,是否能帮艺人谈商务代言。A发现自己仍然回答不了,于是再次去找制片人沟通。

还有经纪人问,规则是什么样的,会不会涉及淘汰啊?A根本不清楚,于是又去找制片人。有些问题制片人也无法确定,于是A不知道该怎么回复经纪人,只能暂缓沟通了。

好几天过去了，事情也没有什么进展。A开始抱怨制片人不靠谱，什么都没想清楚就让自己去邀请艺人，简直浪费时间；制片人也开始质疑A，明明能力不行，还把问题推到自己身上。

2. 懂得提问事半功倍

艺人统筹B接到任务后，他没有急着去邀请艺人，而是给制片人列出几方面的问题。

- 关于档期：这个节目我们准备什么时候上线，什么时候录制，录制几天，播出多少期，都是录制还是会有直播等。
- 关于内容：这是什么形式的电竞节目，艺人是来参加比赛还是作为点评，要不要在节目中玩游戏，是哪款游戏，有没有竞品限制，艺人是否涉及淘汰赛、拍摄团队等。
- 关于选角：是找游戏高手还是找综艺高手，最后需要几个人，分别是什么定位，有没有流量要求、年龄限制、男女比例等。
- 关于备选：名单上有20位艺人，有没有优先级排序，都是从哪些方面考虑的；如果这些人不行，还会增加哪些维度的人选等。

制片人拿到B的这些问题后，发现有些自己也不能马上回答，需要去跟导演组讨论一下；有些问题涉及排播和客户，还要找相关人员沟通。

几天后，制片人带着解决的问题找到B，很高兴地说："幸亏有些问题你都想到了，不然咱们去跟艺人也说不清楚。你还有什么问题可以随时告诉我,我一定配合你。"

B将制片人的回答梳理了一遍,自己又想了想,还有没有遗漏的点。最后,B制成了一个简单的问答文件,发给了20位艺人的经纪人,很快就得到了大家的反馈。

"好的,我们先内部讨论一下。""太感兴趣了,下一步怎么推进?""节目不错,什么时候可以约着一起聊下?"

20位艺人中,没有人提出新的问题。于是,B开始实施下一步计划,安排艺人团队跟节目组进行沟通。

制片人对B赞不绝口,认为他做事太有效率了,特别专业!

二、为什么要提问

1. 拓展信息量

关于上面的例子,制片人给出的信息只有两点:我们有一个电竞节目要做;这是一份20人的艺人名单。

除此之外,其他的信息,如果艺人统筹不问就无从得知。信息量代表了艺人统筹对内容的了解程度,更代表了对邀请嘉宾的尊重。

艺人统筹什么都不知道,等经纪人提到了再问,并且反反复复地由对方提问，这样艺人统筹不仅会陷入被动的局面，还会在对方心中留下"不够专业"的印象。

在艺人的成本中，时间成本最值钱。一个不够专业的艺人统筹是不值得一个经纪人花时间来沟通的，时间一久就很容易变成艺人统筹发的信息经纪人不重视，甚至不理睬。

2. 确认方向，减少理解的失误

很多时候，提问就是用来确认，大家对一件事情的理解是否一致。

当对方交代完一件事情，问道："明白了吗？还有什么不清楚的地方吗？"千万不要着急表态，回答说懂了。因为如果你办的事对方并不认可，甚至你办的事根本不是他要的结果，到时候再去沟通，就已经耽误了做事的时机。

不说我懂，有什么更好的方式呢？接下来，我分享给大家一个实用的技巧：重复。至少记住以下三句话。

- 用你意会的意思，重复一遍对方交代的事，目的是减少理解误差、统一方向。
- 跟对方确认，他是不是这个意思，经过二次确认，保证了目标不会偏颇。
- 再追问一句，他对这件事情的期待。比如，有没有时间要求？有没有条件要求？希望事情办完就行，还是要取得什么样的效果？这样就能掌握做事的尺度。

这三句话你问了，没有人会嫌你多事儿，反而会突显你的严谨和细致。即使对方不问你，你也应该主动问这三个问题，尤其适用于和那些说话绕弯儿，甚至都能把自己带偏的人沟通。

也许对方并不十分确定，自己是不是把问题陈述清楚了，需要你的反馈来确认，更需要你来补齐这些问题背后他漏掉的信息。因此，这种方式也能帮对方理顺思路，使他知道自己要什么。说到底，这是在帮自己和对方达成理解上的一致，让沟通变得更容易。

三、怎样提问才专业

1. 找到最重要的那个问题

思考问题，最大的困扰往往是：不知道从哪里下手？因此，首先要找准关键问题，才不会迈错第一步。

有种最简单的方法，那就是将所有问题都归纳为一个问题：我能做的最重要的事情是什么？当我做了这件最重要的事情后，其他事情就会变得简单或者没那么重要了。

下面，我们练习用这种方法来达成目标。现在艺人统筹B要邀请20位艺人来参加一个电竞节目，如果只有一件事情是最重要的，那是什么呢？当然是艺人为什么要来。

对艺人而言，节目有什么吸引力？是内容特别、资源很好，还是商务具有诱惑力，或者其他什么原因？

- 内容包括录制节奏、形式、赛制、其他嘉宾、导演团队、摄像团队等。
- 资源包括节目量级、线上流量推广、线下地面宣传等。
- 商务包括是否限制竞品，能不能谈代言，能不能洽谈合作等。
- 其他原因，如价值、口碑、影响力等。

艺人统筹围绕这个关键问题进行提问，得出的答案越多越精准，越有利于去邀约和谈判。

多问问自己：我做了哪件最重要的事情，才能成功邀请艺人？我做了哪件最重要的事情，才能打消经纪人对节目的顾虑？我做了哪件最重要的事情，才能让我的工作能力提升？

这就是艺人统筹在工作中思维宏观、行事微观的做事法则。

2. 用结果导向的方法

在职场中，大部分人都不好意思提问，更别说将问题展开再三确认了。有时候是出于顾虑：对方会不会嫌弃我笨，会不会觉得我理解能力差，会不会觉得我这个人很难沟通……有时候是出于压力：问太多会不会破坏合作，会不会显得我不够专业，会不会让对方提防或者反感……

但事实真相是，比起行动力有多快，对方可能更在乎完成的质量。也就是说，你的方向有没有跑偏，是不是取得了他想要的结果，有没有实现他真正的诉求。

这里其实是一个思维转换的问题。当你站在自己的角度可能想的都是：我的提问会不会出错，我的提问质量怎么样等。当你站在对方的立场就会发现，他关心的并不是问题本身，而是通过这个问题能不能解决他的顾虑。

当我们明白了这个逻辑：提问是为了把问题弄清楚，而弄清楚问题是为了成事。你就容易放下各种心理上的负担，专注在问题本身，专注在事情本身。

你的问题虽然很多，但请记住，能帮你确定方向的，只有那件最重要的事情。

第三节　最容易起争执的沟通方式——文字沟通

同事在微信上对我说：姐，快看一下群聊，阿正跟制片人吵起来了。我一看，100多条未读消息，花了十几分钟，终于弄清楚了事情的来龙去脉。

有一位艺人嘉宾希望剪辑掉自己在节目中说过的一段话，她认为这段话的表达没有那么妥当，担心引起歧义。

艺人团队第一时间找到了艺人统筹阿正，阿正安抚他们会找导演组商量，但解释了这段话起到承上启下的作用，剪辑掉可能会对内容有损害，所以没办法承诺。结果，艺人团队没等阿正反馈，又找到制片人沟通。制片人马上同意了，还表示自己会去说服总导演。于是，阿正和制片人之间的矛盾爆发了。

阿正生气的点在于：① 制片人不尊重艺人统筹的工作，信息不共享，出了问题需要艺人统筹负责；② 为什么要让艺人统筹扮黑脸去拒绝，制片人自己充当好人同意；③ 即使要给艺人团队反馈，也应该统一出口，制片人为什么要允诺对方。

制片人不高兴的点在于：① 明明是一件很小的事情，为什么艺人统筹非要把问题放大；② 大家都是为了节目好，哪里存在谁扮坏人、谁扮好人的问题；③ 解决问题才是关键，谁解决不都一样，没有必要"鸡蛋里挑骨头"。

制片人的这番回应引起阿正更大的火气，于是开始噼里啪啦地反击。双方你一言、我一句，你一句、我十句，互不示弱。其他人都不敢讲话，也可能大家插不上嘴，因为群里被他们大段大段的文字刷屏了。

一、为什么文字沟通容易出问题

1. 大家对文字的理解不同，表达的方式不同

艺人统筹绝大部分时间是在沟通，沟通不仅是一种交流形

式，还是处理事情的核心。

现在大多数人的沟通方式是通过文字，所以文字沟通会成为艺人统筹的工作重点，但文字沟通容易产生歧义，因为每个人对词语和句子的理解都带着自己的经验和背景。

比如"滚"，单独看这个字，是在传递一种不满意、一种坏情绪、一种怒火。如果是用声音说出来，会因为说话人的语调、语气、语速的不同，帮助听者理解说者真正的用意。即使是生气的情绪，听者也能感受到里面有多少娇嗔、有多少恼怒，还有多少戏谑或者调侃。

在表达方式和习惯上，有人会用"滚"来代表朋友间的熟稔，用互相"怼"来表示朋友间的亲密度；但有的人即使跟很熟悉的朋友开玩笑，也不会用"滚"这个字眼。

既然我们知道大家对文字的理解不同，对表达方式的接受程度不一样，所以艺人统筹就需要避免文字引起的误会，不要让沟通受限。

2. 大家更倾向于看到自己赞同或反对的字眼

在一段文字中，大家首先会看到"自己想看到"的内容。

比如，"为什么要让艺人统筹扮黑脸去拒绝，制片人自己充当好人同意"，制片人首先看到的是"黑脸"和"好人"，所以觉得艺人统筹阿正小题大做；阿正首先看到的是"拒绝"和"同意"，所以认为制片人责权不明。

又如，"解决问题才是关键，谁解决不都一样，没有必要'鸡蛋里挑骨头'。"制片人看到的是大家都为了"解决问题"，所以不理解阿正为什么生气；阿正看到的是制片人做得不对，还说自己"鸡蛋里挑骨头"，所以觉得对方暗指自己在找碴儿。

文字沟通的时候，大家只看到自己想看的那一面，就会一叶障目，不论对方说什么，其实都没意义。

3. 发送文字很简单，但情绪不容易克制

大家有没有留意到，当自己或者对方情绪激动的时候，文字沟通很容易出现感叹号、问号、省略号等一系列表达语气的符号。有时候，嫌一个符号不够，甚至会连续发好几个符号以便对方重视，或者表达自己的强势态度。

大家有没有发现，当你跟对方电话或者见面沟通的时候，会有意识地减少这种强烈情绪的抒发。你总不能经常跟对方说，我这句话你必须引以为戒，或者我现在的心情特别不好，小心我马上怒火冲天。尤其是见面沟通的时候，因为彼此面对面，表情和动作都一目了然，所以大多数人都会有意识地提醒自己，注意说话的态度和方式。哪怕情绪激动，心里已经有很多个"感叹号"和"省略号"了，也不会随意表达出不满。

发文字的时候，由于打字和发送的行为非常方便，所以人们往往不加思索，该说的和不该说的都容易"脱口而出"。特别是在生气的时候，恨不得用文字碾压对方，逼得对方发不出一句话。

二、什么时候要停止文字沟通

以下三种情况出现的时候，建议停止文字沟通。

1. 各说各有理，无法达成共识

讲道理的前面还有一句话叫作摆事实，可惜，大多数人一讲起道理来就会忘记了陈述客观事实。一旦你的道理无法说服对方，对方就会用他的"道理"来自我保护。最后，大家已经忘了为什么沟通：是为了互相靠近，而不是把彼此推远。

当发现道理讲不通的时候，艺人统筹就要停止发文字。

2. 一人说很多，另一人在沉默

文字沟通害怕两个人"道理大战"，互相紧追不舍，步步紧逼，但至少对方还在回应你，愿意跟你废话。还有一种更可怕的情况，那就是一个人滔滔不绝，另一个人沉默寡言。这时候，沟通的另一方已经对你关上了心门，无论是自己的想法、态度还是情绪，都不愿意让你知道。

艺人统筹面对一个愿意跟你争执的人，你们还能通过问题顺藤摸瓜找到症结，也许算是一次深入了解对方的机会，知道了对方的底线和对什么介意。如果艺人统筹面对的是一个对你封闭的人，无论你发什么信息，对方都回复"嗯"；无论你讲多少道理，对方只会回复"好的"；甚至无论你怎么发文字，对方都不予回复。这个信号就是在向你发出警告，提示你必须停下来。如果艺人统筹还是继续发文字沟通的话，不仅可能失去当下的合作，还可能永远失去跟这个人的关系。

3. 沟通变成一种质问

反问的形式会比一般的陈述句语气更强烈，所以更容易引起对方的思考。可是，很多人分不清反问和质问，在对方听起来就是你不信任我、你在怀疑我，甚至谴责我。因此，艺人统筹在发文字的时候，要慎用反问句。

我信任你就说我信任你，不要说："难道你觉得我不信任你吗？"我知道了就说我知道了，不要说："难道我会不知道？"

如果一定要用反问来表达肯定或者否定的想法，也应避免和一些容易助推情绪的词连用，比如凭什么，凭什么你不能理解我？凭什么要我让步？凭什么你说的就是对的？

当沟通中出现大量反问甚至质问的文字时，艺人统筹就要觉察自己和对方是不是带着情绪在沟通。此时，艺人统筹应该跟自己说停下来，冷静冷静再说。

三、发生争执的时候，艺人统筹如何进行文字沟通

1. 少评论对方，多谈自己的感受

"明明是一件很小的事情，为什么艺人统筹非要把问题放大。"这句话就属于评论。评论是站在自己的立场上发表对他人的看法，带有较强的主观性。因为一个人眼中的小事，可能在对方看来就是了不得的大事。那么，应该怎样表达感受呢？有一种供大家参考的简单方法：因为（事实）……产生（想法）……感到（情绪）。

比如，阿正想说："制片人不尊重艺人统筹的工作，信息不分享，出了问题需要艺人统筹负责。"这句话可以替代为："因为艺人统筹是艺人方的对接人，所以我希望信息的统一出口在我们手中。当我们内部没有达成共识，在我完全不知道的情况下，制片人直接答应了艺人的条件，我的工作就会变得很被动。我很担心，今后艺人团队会不信任我，认为我帮不了他们。"这样沟通，没有质问，减少了评论，就显得客观和冷静。

2. 要澄清对方的想法，也要表达自己的立场

当制片人对艺人统筹阿正说："明明是一件很小的事情，为什么你非要把问题放大。"阿正千万不要急着去反击："什么叫我把问题放大？明明是你有问题才对！"而是应该冷静下来，问一下对方："你是怎么看待这件事情的？你觉得是小事的原因是什么？"

澄清对方的想法，就是去了解对方为什么会这样想。但是，这里一定要注意，不要变成了质问，让对方产生逆反心理。

当对方说出自己的理由后，如果你觉得有不合理的地方，或者需要改进的地方，也要适时地表达出来。弄清楚对方的出发点，是为了重新开启正常的沟通；表达自己的想法，是为了让对方更好地理解你的动机。

3. 要提出问题，也要给出答案

有一句话叫作"站着说话不腰疼"，形容一个人不了解实际情况，只管高谈阔论。谁都有可能提出问题，却不是谁都能解决问题。

当文字沟通出现争执的时候，刚入行的艺人统筹会去强调问题，而资深的艺人统筹会去思考问题。前者要弄清楚问题出在哪儿，以及出现问题后谁来承担责任；后者要弄明白为什么会出现问题，以及今后再出现同样的问题时应该怎么办。其中的区别就在于，新手会发现问题，而行家会给出解决问题的思路。

新手解决的是单一问题，而行家解决的是许多类似问题。单一问题永远解决不完，通过许多类似问题却有可能找到底层逻辑和通用方法。因此，我们作为艺人统筹，一开始对自己的要求就是：发现问题不足以道，重要的是如何解决，以及避免今后再发生。

最后，我想告诉大家的是，要避免由于文字沟通引起的误会和争执，最佳的方式不是去优化文字内容，而是在重要的事情上电话沟通，最好是见面沟通。见面的时候，我们不仅能听到对方说话的语气，还能观察到对方的表情、小动作等细节。

现代管理学之父彼得·德鲁克说过："人无法只靠一句话来沟通，总是得靠整个人来沟通。"正所谓：观其行，听其言，察其色。这才是艺人统筹的沟通之道。

第四节　谈不拢合作要不要放弃

最近，北北很烦。她做艺人统筹好几年了，各种大大小小的难题都遇到过，可是像K姐这样的经纪人，真的是第一次碰到。她给K姐发信息，K姐要么完全不回，要么隔一两天才回复，而且只有两个字：好的。现在，北北的项目很需要K姐的艺人，继续这样拖下去恐怕耗不起，K姐又不明确答复行不行，真是急死人了！北北问我，她是不是应该放弃呢？

一、经纪人没有明确表态怎么办

1. 弄清楚为什么会这样

从做艺人统筹的第一天开始，你就必须知道一件事：艺人统筹的字典里没有放弃，只有想办法、持续想办法，直到想出办法为止。

放弃是最简单的事情,任何时候"反正我已经尽力了"这句话都可以安慰自己。如果一个人总是有放弃的想法,就容易形成推卸的心态:有则坐享其成,无则顺理成章,大不了放弃呗!

但是,你做了艺人统筹就会发现,困难接踵而至,搞不定的人和事比比皆是,难道每次都放弃吗?如果放弃的事情多了,慢慢地你会发现,自己越来越不擅长思考问题。最后,你可能连艺人统筹这份工作都不得不放弃,因为你已经不具备解决问题的能力。因此,当遇到阻碍的时候,我们首先要弄清楚发生了什么,而不是想着放弃。

一般来说,经纪人的反馈很消极,不外乎以下几种原因:第一种,对项目完全没有兴趣,所以不回复就是在表达拒绝;第二种,对项目的兴趣一般,还在考虑中,所以态度比较中立;第三种,有同类型的项目找他们,内部正在比较,所以不着急推进;第四种,找他们的项目太多,经纪人分身乏术,暂时抽不出时间回复。

无论哪种原因,对节目组来说都不是好的信号,所以艺人统筹要想办法扭转局面。

2. 怎样才能改变现状

我建议北北要想办法跟K姐见面。于是,当下的问题就变成:如何才能提高见面的概率?

我帮她分析了最近K姐可能去的场所：家、公司、剧组、活动地点等。

经纪人有时候一连几个月都出门在外，所以家和公司待的时间都不长，就算没有出差，也不能确保每天都会回家或者去公司，即使日夜守在门口成功率也很低，所以前面两个选项暂时排除。

K姐的艺人正在剧组拍戏，所以她极有可能去剧组。但是，艺人统筹去一趟剧组比较麻烦，要托人先打招呼，还要考虑时间成本。即使去了，能不能见到K姐还是未知数，所以不是最优选择。

我们还打听到，最近K姐会带艺人出席一些商业活动。只不过这种行程来去匆忙，如果时间仓促，根本没有办法介绍项目，而且安保很严，如果到时候仍然联系不上K姐，恐怕也很难见面。

思来想去，好像没有一种最有效、最直接的方式。

二、创造机会，办法总比困难多

我建议北北换一种思路，从生活场景入手，比如兴趣爱好。结果，北北打听到，K姐最近迷上了电竞，她几乎每天都会玩几局，一般是在下午或者晚上。玩游戏，这可是北北的强项。于是，我们开始制订计划。

1. 破冰，拉近距离

北北每天蹲点守着K姐，她一上线就立即发出邀请，一起组团。可能看北北是王者段位，再加上大家都认识，第一次发出邀请，K姐就同意了。

就这样，玩了一周以后，北北跟K姐的关系发生了微妙的改变。现在，北北给K姐发信息，虽然回复仍然很慢，说话言简意赅，但是她会就节目内容提出一些自己的疑问或者明确的需求。

2. 增进，打消顾虑

北北请导演组做了一份艺人文案，让K姐对节目有一个系统的认知。同时，还整理了一份问答文件，把艺人团队关心的及可能在意的问题都梳理出来，并做了详细解答。

此外，北北还找出艺人以前参加的综艺节目中，大众的一些正面和负面评价，表明节目组会加强对艺人的保护。对于强化艺人的优势和挖掘艺人的潜能，北北也给出了具体的想法。

3. 突破，正面沟通

有了前面的铺垫，北北争取到了跟K姐电话沟通的机会，本来说好10分钟，结果聊了半个多小时。K姐表达了在此之前确实觉得这个节目不适合她家艺人，但是跟北北沟通后，她对内容有了进一步了解，觉得也许是一种新的尝试。

后来，北北约到了跟K姐见面的机会，更加惊喜的是，K姐反馈，她跟艺人沟通后，艺人觉得节目挺有意思，可以见面聊一聊。

北北告诉我，K姐对他说："你陪着我玩了这么久的游戏，我都不知道该怎么拒绝了。如果还不答应见面，我心里都过意不去。"

三、谈不拢，艺人统筹还能做什么

1. 弄清真伪，知道原因

当不明真相的时候，猜对方会怎么想是最拐弯抹角的做法。与其消耗时间和精力，不如坦诚相待，说出彼此的想法：能合作就排除万难，大家齐心协力；真的不能也不要勉强，时机到了总有合作的时候。

合作不缺机会，缺的是没有弄清楚对方要什么，以及不要什么。因此，当经纪人传递出拒绝的信号，或者明确说出拒绝之后，艺人统筹要想办法知道对方拒绝的理由。

比如，当北北知道了K姐一开始不回复信息是因为她家艺人从没上过这种类型的节目，所以团队暂时无从判断后，针对这种情况马上同导演组进行讨论，制定了一份给艺人的文案。

文案既包括这个节目可以带给艺人的提升，也包括搜集到的粉丝对艺人的期待，以及针对艺人当前的状况和竞品的情况给出的内容上的建议。不仅弄清楚了不能合作的原因,还替对方把这个原因从各维度做了预估和分析。

K姐的态度从敷衍到认真的转变,说是因为游戏也许只是玩笑话,相信真正打动她的是北北作为艺人统筹的坚持和诚意,是其敬业的精神。

2. 维系关系,来日方长

艺人统筹的不放弃不是背道而驰,而是一种积极寻找解决办法的思路和态度。但如果出现这些情况:比如,艺人由于档期问题,确实无法参与节目录制;又比如,同时期艺人选择了其他节目,本人意愿很强烈且无法改变;还比如,因为一些客观条件谈不拢,最后双方无法达成共识等。当有些合作真的无法有结果的时候就要放下,这种放下并不是放弃。

放下当前项目的合作,但不放弃与艺人的合作,不放弃与经纪人的沟通。有时候,合作不成功也是一种"趁热打铁"。趁的"热"是经过一段时间的沟通和了解,大家逐步建立了信任关系;打的"铁"是了解对方的需求,可以找其他项目来洽谈,甚至为对方订制新节目来满足需求。

只要人的需求在,大家的信任在,合作只是时间问题。甚至有时候,经过多次磨合的关系更加稳固,一旦合作就会更加顺利。

艺人统筹别怕合作没谈拢,只要你不放弃,就没有真正的拒绝。因为每次拒绝都是了解的机会，每次拒绝都是合作路上的阶梯，每次拒绝都是下次合作的伏笔。

第五节　艺人档期多次变动，失去经纪人信任怎么办

最近，艺人统筹小亮被艺人的档期弄得焦头烂额，于是向我求助。

"姐，这个节目录制时间改动次数太多了，现在艺人那边意见很大，经纪人已经不回我微信消息，也不接我电话了。"

"那你接下来有什么打算？"我关切地问。

"还是要尽快跟他们沟通清楚吧，不然艺人没有反馈，其他两位嘉宾把时间调出来也没意义。"

"唉"，他叹了口气，很沮丧地说，"我除了继续打电话求经纪人，也没有更好的办法了。"

我问他："去求经纪人，你觉得会有什么结果？最后能不能解决问题？"

他一脸无奈："现在我什么都做不了，除了求还能怎么办呢？"

我拍拍他的肩膀,告诉他:"求的结果只有一个,那就是两败俱伤。"

一、合作为什么不能求

1. 经纪人会质疑你的能力

我告诉小亮,前期经纪人已经帮你协调过好几次档期,并且反复说过他的困难。你当时答应他,导演组那边你去沟通,确保不会再有任何变动。

现在你去求经纪人,这就表明你承诺的事情自己做不到,要么是你人微言轻,要么是你根本不了解现状,直接指向的都是你的专业能力不足。

还没有正式录制,你已经表现得这么软弱,后面录制中还会出现各种各样的问题,你叫经纪人如何信任你、依靠你?

因此,他一定不会因为你的求就去调整档期,反而有可能态度更坚决。因为无法依靠你,他就只能自己承担风险。

2. 你会质疑自己的能力

如果事情没有解决,在制片人眼中会是什么样的?本来应该靠专业能力去说服对方,但是你做不到;现在靠人情去求对方,别人也不买你的账。这是不是意味着,你的业务能力欠缺,人脉资源也欠缺。

如果你靠求，最后把事情解决了，制片人又会怎么想呢？他会不会觉得，原来逼一逼你就能做到，且不管你用了什么方法做到的，大家只会觉得这件事没有那么难嘛！

以后，你会面对更多棘手的问题。这件事本身是否合理已经不重要了，关键是只要给你施压，你就能做到。

这样就形成了非良性循环：打压你，你做得好；你做得好，就要经受更大的打压。最后，你可能自我怀疑，对自己越来越没有信心。

3. 不论是求得还是求不得，求这个动作只能用一次

总不能次次都靠软磨硬泡或者低声下气吧？而且，你怎么保证档期就锁死了，下次不会再变了？如果下次还有更难的情况，你怎么办？

求如果是你的大招，你也要用在最合适的时候，仔细衡量是不是用在这个时候。

我这番话说完，小亮更六神无主了。

二、除了求还有哪些做法

我是一个发现问题、指出漏洞，同时告诉大家可能有哪些解决方案的人。

我跟小亮说，我们刚才的交流都是分析问题的思路，别急着去做，先想想这样做能不能达到目的，会不会起到反作用。接下来，我们要想对策。

1. 让大家面对面沟通

你需要促成经纪人和制片人见面，开诚布公地沟通这件事。有时候，面对面的沟通效果远远大于发微信消息和打电话。

信息从自我表达到对方接受，存在着不同程度的耗损。有时候对方没有时间仔细看，有时候双方的理解不同，有时候在同样的理解下还存在感受的问题。

只有面对面才能减少歧义、猜测和误解。并且，面对面的好处是，双方各自说出难处，会比你作为中间人传话更有可信度、更有分量。

经纪人的态度不需要通过你传达，他是强硬还是配合，一目了然；节目组的困难也不需要你重复，制片人最有立场把来龙去脉解释清楚。

促使经纪人和制片人见面，这就是你为协调档期做出的行动，经纪人不会觉得你无作为，制片人也能看到你的努力。

2. 让经纪人知道事情现状，更要清楚背后的原因

不仅要沟通档期怎么调整，更要说清楚为什么会有这种变动。

很多时候人没有安全感，并不是事情本身引起的，而是不知道为什么会这样，所以才会产生不安，从而拒绝变动。

比如，我们遇到飞机晚点，如果空乘人员能够解释清楚原因，大部分人都能理解。但如果一直晚点，却没有合理的解释，人群就会骚动，甚至引发争执。

变动的原因有很多，要找最符合大家共同利益的原因。比如，档期调整后比调整前能给节目带来什么好处，对艺人有哪些益处。人都是趋利避害的，如果好处多于坏处，他自然就会想办法解决问题。

3. 让经纪人感受到你跟他是同一战线

要让艺人改时间，需要先判断调档期的可能性，以及对经纪人要承当的风险做出预估。对于变动后艺人团队面临的困难，大家一起出谋划策，有什么是可以替对方解决的。

不要只想着让经纪人替艺人统筹抗事情，要多站在对方的角度思考，为什么他协调不了时间？他担心和害怕什么？他看重的核心是什么？找到对方的难点，帮对方找到解决办法，就是替自己找到问题的答案。

很多时候沟通之所以困难，是因为大部分人都不能站在对方的立场上考虑问题。弄清楚对方的需求，像在乎自己一样在乎对方，问题往往就会不攻自破。

三、相信办法总比问题多

听我说完这些，小亮终于松了一口气，好像看到了一线生机，说立即去沟通。

后来，经过多方协调，档期问题终于解决了。我想再遇到类似的问题，小亮不会一筹莫展了，至少他知道搞不定的时候求是下下策，总有一些比求更好的解决办法。

我自己也是这么走过来的，一件在现在看起来微不足道的小事，当时就能让我走投无路。后来，我是怎么慢慢强大起来，越来越处变不惊的呢？其实很简单，遇到的问题多了，答案也就多了；解决的事情多了，抗压能力也就强了。

后面经历了更大的事儿，前面那些就变得不是事儿了。总以为不会遇到比之前更难的事情了，但总是会有各种各样的"幺蛾子"在路上等着我。

艺人统筹这份工作就是不停地过关，然后继续闯关。终点是什么？你不给自己设限，就做永远的玩家吧！

第六节 不做"三不艺统"，一定不能说这些话

有些话合作方可以说，但是艺人统筹应该避免说，甚至一定

不能说。艺人统筹说了就容易变成"三不艺统":不专业,不靠谱,不负责。

一、轻易放弃的话

这种话一般会出现在合作洽谈到某个阶段,双方出现了比较大的分歧,或者无法协同的时候,彼此都不肯退让。

1."那就别合作了!"

艺人统筹磊子邀请某位艺人参加综艺节目,艺人正在剧组拍戏,所以档期比较紧张。如果正常录制还好,但是加上每次录制的往返行程,时间就不好协调了。于是,经纪人建议,节目组是否可以考虑,在离艺人比较近的城市进行拍摄。

磊子跟节目组讨论后,确认方案是可行的。因为是棚内拍摄,所以对拍摄地没有限制。但换一个地方会超出原本的成本预算,所以制片人建议维持原方案,不换城市。

磊子与经纪人多次协商后,又反复核算时间,还是发现如果不去离艺人最近的城市录制,根本无法合作。于是,磊子多次跟制片人沟通,从艺人对内容的贡献,到艺人的商业价值等各维度,最终说服了制片人,节目组开始重新制定拍摄方案。

终于解决了大麻烦,磊子很开心。可是,经纪人突然告诉他,合作还是无法确认,原因是他们在等下一部电影的拍摄时间。因为电影的拍摄时间没有办法确认,所以综艺节目的拍摄时间也无法确认。

磊子脱口而出:"那就别合作了!""可是,我说完就后悔了,我只是想发泄一下情绪。"磊子告诉我。

后来,经纪人再没有回复磊子的微信消息,打电话也没有接。

2. 是真的不合作了吗

磊子前面花了那么多时间去沟通、去协调、去解决问题,都是为了促成合作,而不是放弃合作。但是,他为什么会说出相反的话呢?生气了呗!

首先生自己的气:为什么没有早点了解到,艺人还有一部电影的档期没有落实。其次生经纪人的气:为什么在他解决完录制地点的问题后,才告诉他还在等电影的档期。

虽然磊子自己也知道,他只是发泄一下情绪而已。可是,他没有料到,经纪人没有继续解释,也没有安慰他,反而不回应了。这样一来,进也不是,退也不是,他把自己坑了。

3. 当对方无法明确合作的时候,艺人统筹可以怎么说

如果磊子真的想向对方确认能不能合作,只需要把这句话变成提问的方式:"现在的情况,我们还能继续往下谈吗?""那你觉得往下推进的话,还需要我们做什么?""你的意思是想放弃跟

我们的合作吗？"这些都在表达你想跟对方确认，还有没有合作的可能。

但是，如果艺人统筹说出"别合作了"这样的话，就是把主动权交给了对方，放弃了解决问题的机会。

当我们不太明白对方的意思，或者要靠猜测对方的想法，而决定下一步行动时，最好的方式就是向对方提问，把自己的疑问讲出来。当对方做出解答后，再告诉对方自己的感受，以及愿意共同去解决问题的决心。

二、消极逃避的话

确实，很多情况都不是艺人统筹可以掌控的，很多决定都不是艺人统筹可以做主的。但是，想不想解决问题，有没有办法，能不能主动扛事，却是艺人统筹可以选择的。

1."我有什么办法？这不关我的事！"

有一次，艺人统筹莎莎向我请教：我现在遇到一件很棘手的事情，不知道该怎么办？

我让她告诉我发生了什么。莎莎说，我们明明谈好了艺人Z，而且正在走签约流程。但是，经纪人突然告诉我，因为艺人Z的档期有变化，所以不能参加我们的节目了。

"那你有什么想法？"我问莎莎。她垂头丧气地说："我有什么办法？这不关我的事！"

我继续问她："那你觉得是换一个人麻烦，还是继续用艺人Z比较麻烦？"莎莎果断地说："当然是重新找一个人。现在距离录制时间不到一个月，我们很难找到一个可以替换艺人Z的人。"

我帮她总结：那就是说，相比去找艺人Z的替换嘉宾，可能想办法解决当前的问题是一个更好的选择。她点点头，表示同意。

2. 艺人统筹思维的转变：从不知道怎么办到如何可以做到

我们要做的第一步就是转换思维。

我告诉莎莎，你刚才说的是：这件事我解决不了，我有什么办法，这是一种偏消极的思维方式。现在，你要对自己说：这件事我可以解决，我们想想有什么办法，这是一种偏积极的思维方式。前者是把焦虑放在"没有办法""解决不了"上，而后者是聚焦到"有什么办法""该如何解决"上。

接下来，我们就要尽可能想出多种解决办法：能不能压缩节目的录制时间；能不能从全季嘉宾变成半程嘉宾；能不能只参与主要部分的录制；能不能某些部分云录制，等等。

如果所有的办法用尽，还是无法合作，那艺人统筹是不是就什么都做不了啦？答案是否定的，我们仍然有办法：是不是可以谈下一季的合作；是不是可以在有档期期间，合作其他项目；是不是至少可以做一次飞行嘉宾；是不是可以介绍自己的好友替班，等等。

艺人统筹的办法不是解决具体的事情，而是当某件事情真的无法撬动的时候，仍然可以变着法子探寻其他各种可能性。

总之，艺人统筹一定要坚信这句话：办法总比问题多。

3. 多用积极正面的语言

有一个著名的心理学实验叫作"别去想那只粉红色的大象"。加州大学一名语言系教授乔治·莱考夫，在他的认知科学基础课上对学生说："请你不要想粉红色的大象！请你千万不要想粉红色的大象！拜托你不要再想粉红色的大象了！"

"别去想那只粉红色的大象"，其实是对人的一种心理暗示。教授越这样说，学生们越会想到那只粉红色的大象。

当我们越去压抑自己的消极想法，越摆脱不了这些负面情绪。其实，更好的方式不是让自己"不去想"，而是"去想"那些更加正面的想法。

艺人统筹的工作是关于人的工作。人与人之间的沟通，自然有人懂，就有人不懂；有人能好好说话，也有人话不投机。因此，我们要多提醒自己，用积极乐观的方式去思考问题，表达自己的想法。

当我们想说"随便"的时候，不如说成"我们还可以头脑风暴一下"；当我们想说"不关我的事"的时候，不如说成"我再试试，也许还能帮你想到办法"；当我们想说"这不是我能解决的问题"的时候，不如说成"这个问题我可能暂时解决不了，但我相信总能找到解决办法"。

别放弃，别失望，别怕……难道这些话不是我们每个人在遇到困难的时候，最愿意听到的吗？

你希望得到的支持，对方也有相同的渴求。而"己所不欲，勿施于人"，如果你自己都不愿意听到的话，那就不要对他人说。

巴菲特的合伙人查理·芒格，在他的《穷查理宝典》一书中无数次提到的原则是：所谓的成功，是避免不去做哪些事情，是避免犯错。

避免错误比知道怎么成功更重要。职场上不入坑，不是你做对了多少事，而是你不会做错哪些事！这就是艺人统筹非常重要的一条原则。

第四章

进阶心法

从事艺人统筹,挺好的

第一节 认知限制了能力和心态

有时候，我听到身边的艺人统筹说：当时如果我这么谈就好了……当初如果我再坚持一下，就能把那件事搞定了……那时候我怎么没有想到，原来还有这种解决方法……

是啊，为什么会有这样或那样的遗憾呢？能力、勇气、心态……也许都有。但是，核心是什么，可能很多人都没有细想过。是什么限制了我们的能力？阻碍了我们的勇气？束缚了我们的心态？

如果说，你想在艺人统筹这个岗位上不断自我精进和提升，在所有的经验中，让我做一个排序的话，我认为首先应该记住的是：刷新你的认知！

一、什么是认知

1. 认知的差异

艺人统筹A和B邀请同一位艺人参加节目，在跟经纪人沟通过程中遇到相同的问题：经纪人开出的合作条件很苛刻——对内容有绝对的话语权和主控权。

对于经纪人的"强势",艺人统筹A和B有截然不同的认知。艺人统筹A很沮丧:认为对方不想合作,要求主导内容只是借口。艺人统筹B很积极:认为对方想要合作,才会在乎内容的细节和过程。

于是,艺人统筹A的每次谈判都抱着"反正又不是真的要来,对于过分的要求决不妥协"的想法,把自己该说的说完,过程中坚决不让步。A觉得自己始终站在节目的立场上,哪怕最终失去这次合作,也已经尽心尽力了。

而艺人统筹B的每次谈判都抱着"因为他们有诚意来,所以我需要努力达成合作"的想法,反复磨合。更重要的是,B在每次的沟通中都会反复求证一个问题:对方最看重什么?

结果,经纪人选择了跟艺人统筹B合作,对合作条件也做了一定的退让。是后者更聪明吗?是后者对事情的认知不同。

2. 为什么会出现认知差异

艺人统筹A没有把握住机会,是因为在他的过往认知中"强势就等于为难",为难其实就是故意找碴儿。因此,A从一开始就不看好这次合作。

艺人统筹B能留住对方,也是源于他的认知和理解:"强势"和"为难"并没有实际关联,一个人表现得很强势,可能是出于自我保护,也可能是对事情的要求很高而已。因此,B会去洞察对方的需求，积极推动合作。

艺人统筹大部分工作中的盲区、雷区、误区……也许都是认知问题！大家有没有听过一句话：夏虫不可以语冰。这句话是说，夏天的虫子，不可能跟它们谈论冰冻，因为它们从来不知道冬天是什么样子，比喻人的见识的局限性。

超出我们认知范畴的知识，高于我们眼界和心智的道理，即使摸到、寻到，也可能拿不稳、留不住。因此，提升认知就是提升透过事情表面看清事物本质的深度思考能力。

3. 认知的四种状态

有一位艺人统筹还是实习生的时候，她觉得艺人统筹工作非常简单，就是帮节目找到合适的人。

半年以后，她发现视频平台的艺人统筹和导演组的艺人统筹，无论是能力要求还是考核标准都不同。

她以前在导演组，主要做的是执行工作；而现在她负责视频平台，需要跟各个部门做好衔接，觉得自己变成了一位项目经理。

一年以后，她发现自己除了是项目经理，还是半个制片人、半个宣传、半个商务、半个法务……艺人统筹工作是她的正职，她又身兼"数职"。

没有吃过车厘子以前，有人认为它跟樱桃是一个品种，口味相同。而没有真正做过艺人统筹工作的人，大概会觉得它不过就是找人合作而已。

从事艺人统筹工作多年，我总结了认知的四种状态。

- 不知道自己不知道——以为自己什么都懂，以为自己懂的就是全部。
- 知道自己不知道——开始谦虚，有了敬畏心，会去思考和学习。
- 知道自己知道——通过学习了解事情的规律，并且不断自我提升。
- 不知道自己知道——永远保持空杯心态，始终孜孜不倦地像海绵一样吸收新鲜事物，练就超强的学习力。

你是哪种状态，决定了你的想法、你的行为。认知越低，我们在人和事情面前越容易失控，理不清、道不明，越想越乱；认知越高，我们对人和事情的把控能力越强，越容易透过现象看清本质。

二、提升认知的方法

在我的经验中，提升认知有两种很好的途径。

1. 学习他人，向更厉害的人请教

艺人统筹工作最难的地方就是跟人打交道，但这也是这份工

作最大的乐趣和惊喜。

无论你是行业新人,还是已经做艺人统筹好几年了,总会遇到没有遇到过的人或事,对方的性格、处事方式、沟通态度等都跟你过往的经验不相符。因人而异,这个词形容得非常贴切。

当你以为自己知道的时候,也有可能是不知道自己不知道。这时候,一定不要怕请教、怕没面子,因为没有人知道所有的事。你向目标迈进的最佳方法就是,找到一个经历过这件事的人向他请教,提高自己的认知。

我经常跟大家说,不懂就问不会显得你不专业,因为至少你能看出问题。请教以后如果得到答案,还能第一时间解决问题。明明不懂却憋着才叫真傻。如果到最后没有解决问题,甚至耽误了最佳时机,就是真正的不专业了。

2. 学习自己,总结、复盘过去的经验和教训

很多人只知道跟别人学,却忘了自己也是取之不尽、可以现学现用的教材。

某个项目如果失败了,要问自己当时发生了什么事,为什么发生,是什么原因导致的失败;你做了什么,没做什么,得出了哪些结论,以后可以如何改进……

如果成功了,要问自己做对了哪些事,如何做得更好,有没

有改进的空间；成功是运气还是经验，什么经验和能力最重要，能不能用于其他项目……

向自己学习，就是把自己的经历当成鲜活的案例，毫不掩饰地剖析自己。把过去发生的事情，用未来的眼光和视角重新看待。

很多时候之所以会失败，不是你不想成功，而是你不知道用哪些方法可以离成功更近。刷新认知就是不断地学习、学习、再学习。

最后，送给大家一句话：不要等到很厉害了才开始，你要先开始才会变得很厉害。

第二节　给对方台阶就是给自己机会

有一天，我在外面吃饭，忽然接到一位经纪人朋友的电话。

对方说："欢科啊，我想问你个事儿，小雨是你们新来的艺人统筹吗？"

我一寻思会这么问，是不是这位艺人统筹在与他们沟通的过程中发生了什么矛盾？我赶紧说："是啊，还请你多多关照呀！"

经纪人一听，"哦"了一声。沉默片刻，他接着说："是这样的，你们有个节目邀请我家艺人，艺人统筹说需要我们帮客户拍一段视频。你是知道的，我家艺人几乎不给单期节目拍商务视频。"

我询问道："所以合作是卡在这个环节了吗？"对方说："如果是你开口，那咱们一切好商量，我肯定给你面子。你说我跟她都不熟，一上来她就在群里跟我强调，别人都拍，我们也必须拍，那我肯定不会配合的！"

我心里一乐，已经大概猜出几分。我说："我去了解一下情况，一会儿打给你。"

挂了电话，我找到小雨："你觉得某艺人能配合咱们这个单期节目吗？"她有点垂头丧气地说："我觉得不会的。"

"为什么啊？"我故意问。"他家经纪人很难沟通，刚才在群里，我都强调了其他艺人都会拍，可是经纪人非说他们配合不了，甚至说如果一定要他们配合，就要重新考虑合作。"小雨说。

"刚才经纪人给我打电话了。"我说。"啊？"小雨紧张兮兮地看着我，"不会是告我状吧？"

我被她逗乐了，笑着说："是，也不是。"小雨越发不安了，着急地追问："我不会把事情搞砸了吧？他们不会真的不来节目了吧？我是不是应该再去找商务组的同事沟通一下，看能不能取消视频拍摄？"

我拍拍她的肩膀，安慰道："你只是忘了给经纪人一个台阶。"

一、为什么合作需要台阶

1. 双方不肯退让的时候，台阶就是顺水人情

小雨说的是事实：其他艺人都能配合这条商务视频拍摄。可是，她犯了一个经验性的错误。她的这些话不适合在群里协商，而是应该一对一和经纪人沟通。

她的理由是，群里有节目组制片人，还有商务部的同事，大家能齐心协力配合自己。但是，她没有意识到，这正是经纪人介意的地方。

一对一沟通，如果经纪人妥协了，对方可以把这种让步归结于对艺人统筹的信任，把这种"因为我对你的信任"归功于"这是给你面子"。这样一来，艺人统筹是欠着对方人情的，这份人情在将来也许要还给人家。

但是，群里的沟通形式变成了工作上的公事公办。经纪人如果爽快地答应了，那么他所做的努力（说服艺人、协调时间、给其他商务客户的交代等），在小雨这里就会变得理所应当、毫无价值。

小雨忘了给经纪人机会，把这个人情留下。但是，经纪人很有经验，所以给我打电话，自己来搭建这个"台阶"。

2. 无法达成共识的时候，台阶就是留有余地

小雨和经纪人的需求看似无法达成共识，其实只是缺少一个台阶。如果有一个台阶的话，双方就能够顺势而下，给足对方选择的余地。

小雨说，"因为别人怎样，所以你们必须怎样"，这种话在经纪人看来不叫台阶、叫抬杠。这就好像你的家长总跟你讲"别人家的孩子"，听的人内心是很容易反感和不舒服的，所以这样说的结果往往事与愿违。

在合作中，我们一定要给对方留有余地。比如，群里的沟通方式很容易把问题推向死角，因为那么多双眼睛盯着，人会特别在意自己的言行，尤其害怕出错。相比之下，一对一的沟通氛围就轻松许多。即使说错话，或者发生什么误会，只要有一方服软或道歉，在软磨硬泡下，一般不会闹得不欢而散。

这里要提醒大家，慎用"群"来沟通，尤其是一对一的重要工作。群聊是一个很微妙的场景，好处是容易烘托氛围、拉近距离，但可能给人带来限制。

3. 矛盾无法和解的时候，台阶就是一种示好的信号

大家有没有发现，如果生活中两个人闹别扭了，其中一个人先开口，经常会讲一些"废话"。比如，"你喝水吗？""吃饭了吗？""在干吗呢？"，这种没话找话说的情况，其实就是一种

"我想跟你和好"的信号。

不可能每次合作都好言好语、一帆风顺，总有表达上词不达意的时候，会令一方误解；也有情绪上言辞激烈的时候，会令一方不悦。

台阶就是向对方传递这些信号：也许过程曲折，但并不代表我们不能一起走下去；所谓好事多磨，只要目标一致，我们的前进方向就是统一的。

因此，当那位经纪人同我说："如果是你开口，那咱们一切好商量。"其实他想传递的信号是：困难肯定有，但是我愿意同你们一起想办法克服。

二、什么是台阶思维

1. 台阶思维就是"第3选择"

史蒂芬·柯维在《第3选择：解决所有难题的关键思维》一书中提出了"我看到自己—我看到你—我找到你—我和你协同"这种"第3选择"思维。

解决问题的时候，大部分人习惯用第1或第2选择：要么按照"我"的方式，要么按照"你"的方式，总之，不是"听我的"，就得"听你的"。冲突就在于，到底是对方说得对，还是我们自己的想法没错。因此，不论选择哪一方，都会有人觉得自己做出了牺牲和让步。

史蒂芬·柯维指出，面对两难困境，不妨考虑超越"你的"或"我的"方法，让双方都能从冲突中找到协同的出路，即"第3选择"。台阶思维就是这种协同思维，去寻找"我们共同的方法"。

其实，不仅是艺人统筹，每个人无论是在职场中还是在生活中，都应该培养自己的台阶思维，用积极的心态去打破偏见的壁垒。

如果每次的合作、每次的沟通，我们都能尝试用"第3选择"去尊重和认可对方。那么，我们就会减少很多因为不能理解而造成的遗憾和错失。

2. 台阶思维就是，本没有路开拓出一条新的路

什么是没有路？什么是新的路？我们继续说小雨的例子。

节目的需求是希望艺人拍一条商务视频，经纪人不同意。小雨提出的要求被否定了，看似无路可走。可实际上呢？小雨能做的事情还有很多。

比如，弄清楚对方不能接受的真实原因（找到理解的路）；能否对商务视频的拍摄内容和形式进行调整（找到协同的路）；通过其他渠道和方式去跟经纪人沟通（找到链接的路）……

新的路就是不要轻率地下结论,更不要轻易说放弃。虽然困难、挫折千千万,但只要我们去行动,每一步都能靠近目标。千万不要小看每次一点点的进步,汇集起来就是有步骤、有策略的人生。

给对方台阶,表面上是你在退让,实际上是给自己创造机会。让别人有路可走,你才不会陷入绝境。

第三节　权益的本质是利他思维

权益是合作中绕不开的话题。艺人统筹的职责之一就是,确保权益落地。

一、综艺合作需要艺人统筹落实哪些权益

一般来说,综艺合作需要艺人统筹落实以下两种权益:核心权益和客户权益。

核心权益主要指艺人参与节目的具体内容和形式。比如,节目的拍摄天数,每天的录制时长;播出多少期,是否有相关衍生视频产品;需要艺人配合的媒体宣传、参与的落地活动、授权的形象等。

客户权益主要指艺人参与商务活动的具体内容和形式。比如,艺人要在录制中完成多少条口播广告,拍摄几条产品植入的电视广告,是否需要使用产品,或者为产品进行互动等。

这两部分权益，一般都会写到合同中。

也许有人要问了，既然有条款约束，那是不是只要按照合同履行就好了。在合作中，如果所有的权益都能按部就班，就不会出现这么多问题了。

综艺节目的拍摄计划是一项可以规划、能够预估，却无法绝对按图索骥的工作。因为人的不确定性和外在环境的不可控性，往往会出现很多突发状况。下面就跟大家剖析一下，艺人统筹在权益问题上，一般会遇到的棘手问题。

二、关于权益的棘手问题

权益能否落实，落实的情况怎样，往往受到以下两种因素的影响。

1. 人的因素

相信大家都有过这样的感受：如果昨天晚上睡眠质量很好，隔天就会觉得精气十足，做什么事情都充满了干劲，心情也说不出来的愉悦和畅快；如果昨天晚上没有休息好，第二天就很容易疲乏不堪、精神涣散。

这说明什么呢？睡眠会影响人的身体机能、大脑运转，甚至情绪波动。当然，会影响人的因素还有很多，这里只是用睡眠来举个例子。

因此，在录制现场，艺人状态的好坏、情绪的高低等，都会直接影响拍摄的进度和质量。

比如，现场某位艺人因为身体不适出现了暂时无法录制的情况，那么整个拍摄计划就会延误。原定节目录制8个小时，商务拍摄1个小时，媒体采访1个小时。现在为了保障节目内容的录制时间，很可能需要压缩商务拍摄和媒体采访的时间，甚至完全取消后面的所有流程。

这里就出现了一道关于权益的考题：艺人统筹该如何平衡内容、商务、市场三者之间的需求呢？

2. 物的因素

当我们计划出行的时候，明明对时间做好了规划，可难免还会出现偏差。比如，由于暴雨天气飞机晚点，所以无法按时降落。再比如，由于高峰期路上堵车，所以无法准时抵达。

如果说人的因素时时刻刻决定着事物的走向，那么，外界的事物变化则会直接干扰和影响人。

在录制中，艺人统筹也会遇到类似的情况：由于拍摄时天气不好，导致户外录制效果不佳，需要补拍；导演临时有了新的想法，决定调整内容，重新拍摄。

补拍的这一天，是超出合同约定的，并且补拍的这一天，艺人们反馈已经没有档期了。这时候，艺人统筹就成了节目组的"救命稻草"。大家将希望寄托在艺人统筹身上，希望艺人统筹可以去协调、说服，争取到时间，确保节目可以顺利推进。

在实际工作中，艺人统筹还会遇到形形色色的关于权益的问题。这些问题考验的不仅是艺人统筹的专业判断力，还有认知能力、沟通能力等。那么，有哪些方法可以帮助艺人统筹更好地解决问题、提升各种能力呢？

三、艺人统筹如何解决权益难题

1. 权益是一种目标，需要齐心协力

提到权益的时候，很多人会强调，这是"我"的利益、"我"的蛋糕。这么想固然是对的，可是换一种角度，你能这么想，你的合作伙伴也会这么想。权益对你有多重要，对他人就有多重要。你要想确保自己的权益，就要考虑别人的权益如何实现。损人利己或者舍己为人，都无法实现权益的平衡。其实，权益不是非此即彼，要在你和对方之间二选一，而是齐心协力，双方达成一致去完成共同目标，这就是权益中的一种共赢思维。

如果艺人统筹把权益中的"共赢"作为自己的行事准则，就会在遇到问题的时候，不仅考虑自己公司的利益，还会考虑对方艺人的感受和立场。艺人统筹既要争取自己公司利益最大化，也要让对方艺人实现价值最大化。

2. 权益是一种正向思维，可以通过多种方式实现

还记得我们在本章第二节中讲过的"第3选择"吗？艺人统筹永远不要让自己陷入"只有""只能""一定""绝对"等固有的思维中，反而应该时刻提醒自己，需要去寻找和创造"第3选择"。

前文我举过一个例子：由于某位艺人身体不适，所以录制暂停，后面的商务拍摄和媒体采访可能都要取消。此时，固有思维模式的艺人统筹就会想：果然计划没有变化快，又要我去善后，今天是不是太不幸了。在这样的思维下，首先想到的是"坏消息"，以及由此带来的一系列负面情绪。

还有的艺人统筹会正向思考：艺人状态不佳，即使勉强完成商务拍摄和媒体采访，客户和媒体也未必满意。我现在应该去找商务部和市场部的同事协商一下，有哪些权益可以通过其他资源置换，哪些权益是硬性需求必须保留，然后看看可以通过什么形式进行补拍。

上面两种艺人统筹的区别在于：固有思维的重点在"发生了什么事"上，正向思维聚焦在"我如何去解决这件事"上。

人的目标在"解决"上，就会积极去探寻各种可能解决问题的办法。

3. 权益是一种信念，一定要落实到底

虽然解决问题的路径有很多，但最终方向是达成目标。艺人统筹在处理权益问题时，一定要树立坚定的信念：对于应该坚守的原则和底线，绝对不能放弃。

比如，一个节目的拍摄时间最少需要20天，由于艺人临时增加了其他工作，导致实际拍摄时间只有15天。节目组明确表示，开拍在即没有办法换人，但是15天确实无法完成10期的节目内容。

在工作中，艺人统筹往往会面临这种两难的处境。这时候，信念尤其重要。

首先，要弄清本质。哪些条件是可以让步的，哪些条件是非达成不可的。

其次，要抓住重点。解决了什么问题，就能让其他问题更顺利地解决。

最后，要坚持到底。锲而不舍、循环往复地去沟通、去协商，但不要轻易交出你的底牌。

下面，我跟大家分享一个故事。

有位盲人独自住在一栋楼里，每天晚上他都会到楼下花园散步。奇怪的是，无论是上楼还是下楼，他都会按亮楼道里的灯。

有位邻居忍不住好奇地问他："你的眼睛看不见，为何还要开灯呢？"盲人回答道："开灯能给别人上下楼带来方便，也会给我带来方便。"

邻居很疑惑："开灯能给你带来什么方便呢？"盲人说："开灯后，大家都会看得见，就不会把我撞倒了。"邻居这才恍然大悟。

所谓，予人玫瑰，手有余香。权益就是互相成就。在互惠中，你利别人后，他也会回报你。

第四节　谈判的目的不是赌，而是赢

我经常对团队中的人讲，关于艺人统筹这份工作，最好的学习方式就是直接上手。不懂说话，就在日常的沟通中锻炼表达能力；不会管理，就在日常的项目中提升决策能力。

但是，当到了某个阶段，你问自己：我怎样才能做得更好？怎样可以更快速地提升自己？这时候，就该方法论出场了。

关于本书，大家最终都应当归结于：对于我理解的这些事情，如何运用恰当的思维和方法，在实际中发挥作用。而本节要跟大家讲的是，在艺人统筹的工作中，最容易彰显能力的环节——谈判。

一、谈判中的错误心态

我们首先要知道一个概念，为什么需要谈判？谈判是为了双方或者多方就某个问题达成一致。

谈判并不是一时头脑发热，大家就某件事展开讨论，而是为了满足既定目标，需要通过谈判来协商和解决问题。

既然目标清楚、方向明确，那么，你就一定要记住：谈判不是赌，而是赢。

1. 把谈判当作赌

（1）赌是重视感觉，轻视策略。

某些时候，感觉细腻敏锐，可以让艺人统筹拥有更强的感受力和同理心。但是在谈判中，仅仅依靠感觉，就容易变成对自己的盲目自信，因为这是一种"赌"的心态：赌"我的方法正确"，赌"我的判断无误"，赌"我的经验过硬"……可是，我们偏偏忘记了，方法、判断、经验都有可能因为感觉的失误而出现误差。如果没有事实依据，没有抽丝剥茧的分析，一味感性地看待问题，就容易出现理解偏差。

艺人统筹在进行任何谈判之前都应该提醒自己：相对于自己的感觉，更应该相信事物本来的规律。艺人统筹要为实现目标制定方案，随时考虑到各种可能性，而不是临时抱佛脚，靠"感觉"来随机应对。

（2）赌是押上运气，放弃准备。

有记者采访著名的脱口秀女王奥普拉·温弗瑞："您成功的秘诀是什么？"奥普拉回答道："为什么我能成功？因为我已经准备得太久了。"

那些能成事的人，他们身上都有一种特质：在静默的岁月中做着日复一日的"准备"，直到某一刻厚积薄发，在外界看来还以为是"运气"。

我们在做艺人统筹这份工作的时候，一定要意识到：运气只不过是机会，碰巧撞到了你的努力。如果没有努力的根基，认真准备的过程，就不会存在所谓的"运气"。运气只留给有准备的人，为你的有备而来锦上添花。

2. 认为谈判不能输

看到这里，也许有人发现了矛盾的地方。我既说谈判的目的是要赢，又说谈判不能输是一种错误的心态，这不是互相矛盾吗？

当利益趋同或者大家协同的时候，自然很好。可是，就像合作也有不成功的时候一样，并不是所有的谈判结果都会皆大欢喜。有时候，利益偏向你的公司，看起来你赢了；有时候，利益偏向对方，看起来对方赢了。对方赢了，难道你就输了吗？

做艺人统筹这份工作，我们要时刻提醒自己，杜绝这种绝对思维。我在本书中反复强调，事物都存在两面性。有时候积极的背面，也有消极的隐患；消极的反面，未必不会藏着积极的结果。

也许表面上的输，其实是故意给对方让步，为了让对方感受到合作的诚意。也许这次谈判输了，只是为下次的赢创造更适宜的条件。

大家不要忘记，艺人统筹这份工作是关于人的工作。虽然谈判解决的是事情，但终归是人与人之间的沟通。人和人的情感链接，哪有一局定输赢那么简单呢？

事情输了，但是赢了人心，才是真正的赢啊！

二、如何获得谈判中的双赢

谈判和沟通的最大区别在于，所有的谈判都需要运用沟通方式和技巧去完成，但并不是所有需要沟通的事情都是谈判，所以沟通是谈判的必经之路。沟通的好坏，在很大程度上会决定谈判能否成功。

下面我跟大家分享非常实用的"三心一力"技巧，记住这几方面，让你每次的谈判都是有效沟通。

（一）谈判中带上"三心"

1. 细心：对细节的觉察

我认识一位艺人统筹，他在洽谈艺人的时候遇到了一个障碍，那就是经纪人经常不回复他发的微信消息。如果换成其他艺人统筹，可能就是穷追不舍，一直发微信消息或打电话。可是，他另辟蹊径。

他发现这个经纪人特别喜欢玩线上游戏，于是他就每天在线上等他，然后找到机会加入他的战队。后来，经纪人不好意思继续对他不理不睬，于是认真地跟他探讨节目内容。最后，大家达成了合作。

经纪人开玩笑说，每天找我们合作的人特别多，我没有办法每个方案都看完。但是，你太细心了，竟然在线上堵我，追我追到了游戏里。

重视细节，无论是在艺人统筹工作的哪个环节都非常有必要。因为对细节的觉察会让你看到别人看不到的一面，让你想到别人想不到的角度、发现别人忽略的信息。

2. 用心：站在对方的角度

他想要什么？他为什么需要这个？我能给他吗？这三个问

题，是我在工作中，几乎每天都会想一遍的。

因为我们只有弄清楚对方的需求，才有可能让对方满足我们的要求。

越是重要的谈判越是如此，每个人都虎视眈眈，害怕自己处于弱势或者下风，所以会格外放大自我感受和立场角度。我们要做的就是，既要懂得自己想要什么，也要站在对方的视角去了解对方想要什么。

3. 真心：不卑不亢的态度

谈判不是委屈退让，而是落落大方；谈判不是独断强势，而是协商共存；谈判不是我有求于你，而是我们能共同做什么。

在很多谈判场合，我见过有人屈身献媚，有人嚣张跋扈。无论是前者还是后者，都会令人不舒服。因为当我们面对过于迎合的人，会下意识觉得后面有什么坑在等着自己；而那些狂妄自大的人，表面上看吓住了对手，其实大家都在心里憋着气呢，他们迟早会搬起石头砸自己的脚。

唯独那些不卑不亢、有一说一的人，让我觉得合作起来更加放心，更会彼此尊重。

很多时候，别人投射出来的影子，也是照亮自己的镜子。最好的真心，不是自卖自夸有多好，而是你不说，但是别人都在替你夸。

（二）谈判中用好"一力"

我遇到过一些艺人统筹，当搞不定一件事的时候，索性就把自己身后的公司或者老板抬出来，希望对方产生敬畏，然后乖乖就范。这种方式用在极端情况或者特殊事例中也许有效，但即使对方妥协了，负面的影响也远远超出合作带来的好处。

艺人统筹这个职业首先看重人品，其次看重口碑。经常用"恫吓"来谈判，只会给对方心里埋下"憎恨"的种子，让你成为他眼中专业不精、德行不修的人。虽然事情搞定了，但是你的行为容易遭受非议和质疑，久而久之，想继续做艺人统筹都很难。

艺人统筹要习惯用正向的方式去产生积极的效果，"用心"去体会和察觉对方的需求。

吸引力的本质是价值，而价值取决于对方想要什么。用吸引力来维系合作关系，一定比斥责和恫吓更长久、更亲密。

市面上关于谈判的书很多，会教大家各种"话术"。但是，对于艺人统筹来说，千人千面，话术只能解一时燃眉之急，甚至有时候用错话术，还会放大风险。因此，我们讲心态、讲规律、讲思考问题的方式。

最后，送给大家两句话：当对方的价值大于你的时候，保持信心不要怂；当你的价值大于对方的时候，适当让步留余地。

第五节　敢于放下也是一种能力

一、为什么我们放不下

1. 放不下，因为不甘心

"昨天小宇又在群里吵架了，大家千万别招惹他。""唉，因为小宇的节目又黄了，这已经是他入职以来的第二个节目了。""那接下来他怎么办啊？上半年马上就要过完了，他的绩效考核怎么评呢？"

我听到大家在偷偷议论，也替艺人统筹小宇着急。上半年，小宇手上有两个节目：一个因为招商状况不佳节目被迫停止，另一个上个星期接到通知，因为内容还需打磨和调整，所以暂停推进。

这几天我见到小宇的时候，他总是耷拉着脑袋，情绪低落，一脸颓丧，脸上写满了："别惹我，生人勿进。"于是，我约小宇喝下午茶，准备跟他谈谈心。

小宇问我："姐，最近是不是有人投诉我？"我乐了："你为什么这样想呢？"

他支支吾吾地说："我最近心情不好，所以脾气急了一些，说话比较冲。"我拍了拍他的肩膀："那就跟我说说，一吐为快，自己憋着多难受啊！"

小宇说:"其实,这段时间我的压力特别大,我入职都快半年了,为什么其他人的节目都能顺顺利利,只有我的节目都黄了。"

小宇说着激动起来:"我知道自己应该拿出专业态度来面对,可是我就是做不到。我每天都会责备自己,认为自己能力有问题。越这样想,心情就越糟,心情越不好,就越觉得自己心态有问题。我现在甚至怀疑,我是不是还能胜任艺人统筹这份工作?"

2. 放不下,因为沉没成本

我认真听小宇说完,却没有顺着他的话说,而是跟他聊起另外一件事。

之前,我见朋友圈在推荐一部电影,于是昨晚特意留出时间去电影院看这部电影。结果,看了半个小时后发现,电影并没有想象中好,你猜我是继续看完,还是起身走了?

小宇一脸茫然,不知道我为什么突然换话题,但还是回答:"应该会看完吧!"我笑了,问他为什么这么认为。他说:"毕竟花了钱,也花了时间,万一电影后面精彩呢!"小宇猜得没错,我确实把电影看完了。

从我家打车到电影院路上堵车1个小时,往返就需要2个小时。因为不想浪费这个晚上,所以心里想着再坚持一下,于是又多花了2个小时看了一部烂片。

一边看，一边在心里吐槽太难看了；一边忍受着看不下去的心情，一边想着这个晚上，原本可以舒服地在家看一本喜欢的书。

下面的场景相信大家都不陌生：出去旅行，因为坐了好几个小时的飞机，还有酒店住宿等各种支出，于是乖乖忍受无聊的景点，以及摩肩接踵的人群；去价格不菲的餐厅吃饭，结果发现味道太差了，可是钱已经付了，于是吃到撑也要把钱吃回来；明明遇到一段不合适的感情，就是不肯承认，宁可让痛苦发酵，也不舍得转身离开。

为什么我们明知吃亏了，还是无法忍住继续投入？心理学家把这种现象叫作"沉没成本"：那些已经付出不可收回的成本，比如金钱、时间、精力、情绪等。

听到这里，小宇有点摸着头脑了："姐，你的意思是说，我在为沉没成本买单？"

3. 惦记"损失"，是人性的一种常态

我再给你讲一个故事吧，我对小宇说。

著名的心理学教授亚科斯和布拉默在1985年做过一个实验。

首先，他俩让实验的对象花100美元买了密歇根滑雪之旅的票。几天之后，他俩又劝说这批人，其实去威斯康星滑雪要好玩得多，而且只需要50美元。于是，大家又买了一张票。过几天后，他俩告诉大家："不好意思，两次滑雪之旅的时间撞到一起了，但是不能退票，所有大家只能二选一。"

你猜选哪个的更多？结果，大多数人选择了票价更高的密歇根滑雪之旅。大家给出的解释是：选100美元，只损失了50美元；如果选50美元，则会损失100美元。

于是，两位教授得出了一个结论——损失憎恶：当人们面对收益和损失时，与获得已经拥有的东西相比，人们更在意的是损失。

小宇听完，陷入了沉思中。我给他续上了一杯茶。

这个故事告诉我们，你不用自责，更不应该否定自己的情绪，你应该接纳自己的这种状态。因为你越自我谴责，越会陷入恶性循环的情绪中，然后坏情绪又会影响你接下来的其他工作。

但是，接纳不等于持续投入。这种"不甘心"会束缚我们的思维和眼界，让你沉溺在"已失去"中，容易对其他正在发生的事情视而不见。其实，只有放下过去的"损失"，才能看到未来的"收益"。

二、如何培养放下的能力

放下包含三层意思。第一层，事情已经发生了，我心里翻来覆去都是不甘心，放不下的是一种情感。第二层，总会不经意地想起，过度地复盘每个细枝末节，放不下的是一种投入。第三层，觉得自己很无能、很无力，甚至痛恨自己当下的状态，为什么没有办法像别人一样果断、干脆？为什么轻易受到这件事的影响？为什么我就是不行呢？放不下的是对自我的否定。

为什么要弄清楚自己处于哪个层次？因为要确定去哪儿，首先要知道自己在哪儿。

小宇只是遇到了每个人在职场中都可能遇到的问题。做事要么就是做成，要么就是做不成，不要动辄就给自己贴标签，判定自己是一个什么样的人。

一旦你认为自己"很差劲""很失败""很愚笨"……产生了这些负面情绪，你就容易走入一条狭窄的小路，就会认为别人肯定也是这样看你的。于是，你的内心会形成两股力量互相拉扯，让你感到纠结和痛苦。

我们应该告诉自己，这是每个人都会经历和遇到的困难。你要通过这件事情弄清楚自己究竟在担心什么？渴望什么？

1. 看到事物的两面，聚焦在积极的一面

对于艺人统筹来说，不是在变动中成长，就是在变动中停滞。

有些变动是外部环境造成的，比如制片人在制作某节目的过程中发现，市场上同类型的节目太多，很难再翻新做出特色，所以节目被暂停推进。有些变动是内部因素造成的，比如节目得不到客户的认可，所以迟迟无法招商成功，最后节目叫停。

艺人统筹作为各方面的连接者，要做好各种变动的心理准备。最好的心理状态不是去追悔莫及，或者遗憾失去，而是从失去中寻找线索，为下次的合作埋下伏笔。这样，沉没成本就没有"沉没"，而是变成了新的"开启"。

如何理解呢？我们用小宇的例子来解释。他所有的失望都是觉得，自己的努力付诸东流了。其实，小宇只看到了"损失"的一面，这一面就是：节目不做了，所以我过去为之投入的时间、经历和情感都回不来了。事实真的如此吗？小宇没有想过，他还有"获益"的一面。

比如，因为这两个节目，我跟很多艺人团队有了密切的接触和沟通，从而可以了解到对方更多的需求，为下次的合作奠定了基础。通过这件事，我发现自己需要提升抗压能力。当面对失败或者挫折的时候，第一时间会引发情绪波动，而不是理性分析和思考。我是否可以把这次的经验进行总结和分析？当节目叫停的时候，会给合作的艺人带来什么伤害？我们该如何有效预防和提前预警？以及如何善后？等等。

当我们换一种角度，聚焦在事物积极的一面时就会发现，危机四伏中也藏着各种机会。

2. 用未来的心态，看待当下

有人问，怎样才能幸福？答案是，过好当下每一刻。因为每一刻造就了每一天，每一天会改变每一月，每一月形成了每一年。

当我们还在频频回首，为沉没成本叹息的时候，殊不知未来已经从指缝中溜走，又沦为新的沉没成本；当我们还在屡屡谴责，为当下的损失不值的时候，殊不知被蒙蔽的双眼也会错过收益，再次错失良机。

假设把这次失败当作对自己有利的一件事，想一想三年或者五年以后，当你回头看待这件事情时，你能够从中得到什么？请写下来，至少十条以上的好处。

用未来的眼光看待现在的自己，会让你对事情的理解和看法都变得不一样。我们很多时候会陷入当下的情绪和混沌中，就是因为不能够置身外。从以后的角度来看现在的位置，其实就是把时间的维度拉长了。在时间维度里，当前的难，也许是未来的福。

我们需要给自己设定一个时间期限和心理界限，让自己从沉没成本中走出来。当情绪低落的时候，设定一个期限，让自己可以沉浸在这种情绪中，一旦时间到了就需要恢复良好心态。我们可以尝试问自己以下几个问题。

- 如果我不知道自己曾经付出了多少时间、精力和情感，那么接下来我会去做什么？
- 我努力了却收获甚微，会不会是战术上勤奋、战略上懒惰？我是否应该先制定目标，再拆解成详细的步骤？
- 我从这次的经验中学到了什么有用的东西？只要比过去强，哪怕一点点，我都在进步。

如今所谓的"失败"，当我们从未来的角度看就会发现，那只是一时的挫败。

敢于放下是艺人统筹重要的能力之一，也是我们每个人的人生必修课。

抱怨得不到他人的理解，抱怨自己时运不济，抱怨环境弄人，这些毫无意义。如果我们一直沉溺在患得患失，为失去的"损失"焦虑中，只会令自己更加紧张和压抑。因为当你陷入"凭什么"的愤怒情绪中时，只会看到自己的付出，以为自己的遭遇就是全部。只有放下不甘心，重新审视未来，我们才会发现事物真正的面貌。

人生其实是20年前的你，塑造了20年后的你。因此，接下来你的选择、你的成长，或许才是下一段人生成功的开始！

第六节　解决人的问题，就能解决多数问题

有人问我，你认为艺人统筹身上最重要的能力是什么？任何一件事，我们都可以通过下面的问答来顺藤摸瓜，找到问题的本质。

- 艺人统筹解决的是什么问题？人的问题。
- 人的问题主要靠什么方式解决？沟通的方式。
- 沟通有没有效果，判断标准是什么？你说的话对方是否愿意听。
- 能不能把话说到对方心坎上，是什么在起主要作用？说话的方式。
- 如何才能用"对"的方式说话？取决于一个人的情商高低。

"情商之父"丹尼尔·戈尔曼说过：一个人在取得事业成功的过程中，20%靠的是智商，而80%要靠其他因素，其中非常重要的就是情商。

情商是什么呢？市面上有很多关于情商的书，而且不乏长期流传的大师之作。然而，我希望结合艺人统筹工作，用另一种便于理解和适用的方式，帮助大家解决实际问题。

情商的定义在我看来，已经体现在这个词本身了。

一、情是人与人的基本链接方式，包含共情和情绪

1. 第一种"情"是共情能力

共情并没有那么高深莫测。王菲演唱的一首歌曲很好地诠释了"共情"是什么："你眉头开了，所以我笑了；你眼睛红了，所以我哭了。"

简单来说，你不会在对方开心的时候，认为"这有什么快乐的"；也不会在对方伤心的时候，觉得"为这点事大可不必"……你能够懂对方笑的原因、哭的点。你能够理解对方的感受，感受到对方的喜怒哀乐，并与之同在。

共情不是同情。因为当我们同情一个人的时候，容易把自己放到制高点的位置，俯下身来看待对方，心态往往是不平等的。共情是一种理解。只有设身处地把自己放到与对方同样的高度、同样的位置，我们才有可能感受到对方的情绪。

根据我这么多年的工作经验，我认为如果一位艺人统筹轻视共情能力，不把共情能力看作极为重要的能力来训练和培养，那么他会在人际关系上吃大亏。并且，吃亏之后，还会满脑子的"为什么"，根本想不通自己哪里做错了。有时候，就事论事没有错，但是不注重沟通方式，不重视链接对方的感受，让他人"感觉"不舒服了，其实就是错了。

相信大部分人有过这样的体验。购物时看中了一件衣服，但是价格有点贵，于是就跟店员砍价。有的店员好像一眼就能看出你真心喜欢那件衣服，于是忙上忙下，不仅夸你穿着好看，还积极帮你搭配其他衣服和饰品。虽然价格没办法便宜，但是你看到店员的服务态度这么好，心里很舒服。最后，店员笑脸盈盈送你离开，你也大包小包乐此不疲。

还有的店员一副公事公办的样子，一上来就跟你说："不讲价，没优惠，售出货品不退不换。"你心想，我这是给你们送钱，还是欠你们钱了。这时候，恐怕你再喜欢那件衣服都会迟疑要不要进去试，也许就转身走了，毕竟没有人喜欢被冷落。

前者的"服务好"，就是能够站在对方的角度去感受；而后者的"不重视"，就是轻视了对方的感受。

2. 第二种"情"是情绪管理能力

亚里士多德在《伦理学》一书中说："任何人都会生气——这很简单。但选择正确的对象，把握正确的程度，在正确的时间，出于正确的目的，通过正确的方式生气——这不简单。"

如果说共情能力是人的眼睛和耳朵，要我们去看、去听。那么，情绪管理能力就像嘴巴和心，要我们知道什么时候保持缄默，还要懂得控制自己的情绪。

有一位经纪人，在合作过程中经常以艺人身份尊贵为由提出各种要求。比如，一般的拍摄是所有艺人的工作人员聚齐在一个场所或者房间看拍摄现场的画面。但是，这位艺人的经纪人会临时要求，必须单独给他们的工作人员一间房，导致节目组很慌乱地去挪房间、匹配电视、安排技术调试人员等。

有时由于第一次拍摄大家都需要磨合，所以会超出预估的拍摄时间。不论团队如何沟通和解释，有的经纪人都作势要冲上舞台，拉艺人走掉。此时，艺人统筹佳佳好言相劝，该经纪人甚至出口伤人，威胁如不停止拍摄就怎样怎样。

佳佳跟我说，真想同他大闹一场，以发泄心头的气愤，但佳佳还是选择了另外一种做法，那就是积极去处理事情，而不是在情绪上与对方争高低。我告诉佳佳，她的做法很正确。在职场中，向合作者宣泄情绪，并不是个人自由，反而会透露出你所在团队的素质低下和态度傲慢。千万不能因为一己之怒，毁掉整个团队的口碑和声誉。

肆意宣泄情绪容易，难的是克己修心，不要变成一个容易愤怒的人。

二、商是为人做事的一种态度，是指商量和协同

商量就是凡事不要独断专行，多站在对方的角度考虑，多理解对方的感受。除了接受顺耳好听的话，逆耳难听的话也应当思考一下有没有道理。协同就是少一些"不是你赢就是我输"的绝

对思维，而是积极去寻找共同目标，竞争对手也可以是合作者，意见不合也可以殊途同归。

在工作中，艺人统筹只有真正做到把"商"放在心上，才会触"情"，对别人的感受更加灵敏。艺人统筹要做到这一点，不仅需要会说，更重要的是会听。

1. 多倾听，用所有感官去倾听

在生活中和职场上注重倾听的人，会听出不少"言外之意"，所以往往格外机敏。

狭义的听，是用耳朵去"听见"对方说了什么话。可是，作为艺人统筹，我们要学会调动自己的所有感官去感受。听觉、视觉、触觉、嗅觉……你过往所有的经验和经历，你的直觉和你的反应。

对方说出口的话，可以帮助我们了解对方的想法，懂得对方要什么。然而，还有很多信息隐藏在对方没有说出口的话中，比耳朵听到的话更加重要。比如，当你向对方介绍节目方案的时候，对方却频频看手机，并未向你解释自己的行为，那么，此时无声胜有声，表明对方对你的方案没有兴趣，对你失去了耐心。所以要共情，理解对方的情感，就要学会"倾听"对方的情绪。

在工作中，我遇到过一些艺人统筹，甚至制片人容易有一些习惯：当与人交谈的时候，很少仔细倾听对方说话，而是恨不得一口气把自己要说的话说完。比如,"我是这样想的""我们认为这样做会如何""我们真的很需要你""我的意见是这样的"……这时候,如果对方一言不发,场面就会很尴尬。

其实,但凡能多一些"你们怎么想的""你们认为这样做会如何""你们是否需要这个节目""还有什么是我们可以做的"等,合作过程就会顺利不少。

倾听的目的是理解对方,只有真正理解对方的需求,我们才能找到合作的钥匙和链接的方式。

2. 少争辩,不要赢了道理,却输了感情

听与说,一直就相辅相成、互相成就。

一个不擅长倾听的人,往往容易争强好胜,非要在语言上碾压对方。为什么要与对方争辩,分出胜负呢?大多数人是为了告诉对方:你看,我是对的,你是错的。

可是,人类具有一个共同的特性:不愿意承认自己是错误的。如果你用自己的一套"道理"强迫对方认输,他内心并不会真的认输,认可你是对的。只有用你的真情实意,让对方自动代入自己的真情实感,他才会切身体会到你的用意。

艺人统筹接触到的人和事都非常烦琐,每个细节都环环相扣不能出问题,所以艺人统筹很容易因为工作压力大,或者遇事不顺产生负面情绪。这时候,"控制"反而容易变成"压抑",越是不能正确发泄出来,越容易积攒更大的情绪压力,最后变成沟通中争执的导火索。

最好的做法是,艺人统筹要想到,即使你和对方的十个观点中有九个观点不合,但是只要有一个观点是相同的,就应该用感情去感受,而不是道理去征服。那个相同的观点,就是你们的目标和方向。

一架飞机或者一列火车,装满了形形色色的人。但是,由于大家的目的地相同,所以大部分时间都可以互相礼让、相安无事。艺人统筹的每次项目合作和邀约洽谈,就像一列列开往前方的火车,虽然人换了、景变了,但是我们要抵达的目的地一直没有变。只要能够想明白这一点,艺人统筹就不会介意某次争辩是否占了上风,某次道理是否讲赢了对方。

你如何对待这个世界,这个世界就会如何对待你;你心里是怎么想的,你看到的就是什么样的。

第五章

升级宝典

从事艺人统筹，挺好的

第一节 如何应对压力

艺人统筹阿东做事沉稳、干练，很有逻辑和章法。但是，他经常感慨，自己之所以能成为现在的样子，是因为几年前受过一个节目的"毒打"。大家都很好奇，问我当时究竟发生了什么事情。我会停顿一下，故作神秘地说："事情就是——他累出了病，还传染给了我，后来一查我们都得了肺炎……"这时往往会一片哗然，大家想笑又觉得不合时宜，于是硬憋着。其实，只有当事人知道，段子背后的艰辛。

当年因为有诸多的突变因素，导致节目录制过程中遇到很多困难，阿东作为艺人统筹持续受挫，直至压力完全把他击倒。

形容一个人的抗压能力，我们经常会用能不能"扛事"这个词。关于"扛"，经历的时候是千斤重担，只有在"扛起"以后，才是轻舟已过万重山。

一、艺人统筹的压力主要来自不确定性

1.计划没有变化快

很多人内心都有这样的想法：只要再给我一些时间，我就敢了；如果我有足够的准备，我一定能做好这件事；现在还不行，

我需要仔细规划，才能避免出错……

一个习惯了万事有"备"而来的人，刚开始做艺人统筹这份工作的时候，可能会感到十分不适，甚至会特别焦虑。

也许受外部天气的影响，计划好的户外拍摄要更改方案，或者延期；也许受人的影响，需要处理艺人激动的情绪，暂停录制，或者调整内容；也许受事的影响，需要临时更换艺人，或者重新剪辑……

这些"计划"外的事情比比皆是，每天都在上演。比如，下个月就要开始录制，艺人的合同已经全部签订完毕，制片人却通知你，老板决定这个节目不做了；还有一周就要录制，你临时被告之，客户需要换艺人，否则就要撤资；明天就要录制，突然接到经纪人的电话，告诉你艺人遇到特殊情况来不了，找人替班吧……

当你需要处理的事情越来越"临时"时，你发现时间不够用，就会压力倍增。

2. 担心变化让事情失控

每当阿东跟我说，感谢过去的磨砺让自己成长的时候，我都会笑着回应他："你放心吧，后面还有很大成长的空间。"他连连摇头，一副被吓到的样子说："不可能，没有什么可以再压垮我了。"

有一天，他满面愁容地找我，让我给他点"正能量"，不然就要崩溃了。他正在负责的节目做了好几季，市场口碑比较好，大众对节目的认可度也很高，所以很多艺人争先恐后要参加。人的问题是解决了，但是没想到遇到新冠肺炎疫情，其他问题接踵而至。随便举几个例子：

- 需要在原定的A录制方案外，同制片人组、导演组商量出一套B录制方案；
- 需要重新沟通所有的艺人，说服经纪团队认可和接受B录制方案；
- 需要重新沟通艺人的行程，熟悉从不同地方抵达的隔离要求，了解酒店住宿及周边情况；
- 对于完全不能满足B录制方案条件的艺人，需要列出替补名单，逐一沟通；
- 对于不确定能不能满足B录制方案条件的艺人，比如同期可能会进组拍戏，或者在洽谈其他综艺节目等，时刻关注艺人的档期变化情况，灵活处理，说服和争取与他们的合作。

阿东说，他以为已经能驾轻就熟了，没想到事情失控的时候，还是会万分焦虑。

二、遇到工作难题怎么办

如果你选择成为艺人统筹，除了没有舒适圈，大抵其他什么都有。这份工作永远没有天花板，随时在面临计划外的挑战。因此，我们要有一种心态：在面临超出计划的状况时，可以不被干扰。

1. 平常心与和解心

这两者有什么区别呢？平常心是希望自己不要脆弱。比如，这很正常嘛，我应该适应；习惯就好，我应该看开一点。可是，实话实说，很多突发状况并非常态，所以这样的话难免有点"自欺欺人"的意味。不仅没什么效果，有时候反而令人更沮丧。你会发现，原来自己真的很无力，甚至怀疑自己的付出究竟有没有价值。

而和解心是接纳当下发生的一切，认同自己脆弱的部分。比如，我知道这件事很难、很麻烦；我现在感到害怕和焦虑是正常的，其他人遇到这种状况也会如此。在接纳的基础上，再劝自己：逃避并不会让事情好起来，不如试着去解决，做了总比不做好。

当压力过大的时候，人很难安抚自己说，我应该看开一点；越是外在强打精神，内心往往越会感到沮丧，对自己更失望。只有真正接纳一切，才能获得内心的平静，继而保持冷静，重拾自信。因此，和解心意味着放弃"被动的接纳"，如实地看待自己和事物。

2. 主动接纳现实中的一切

当阿东发现仍然有很多难以克服的困难，开始质疑自己能力的时候，他可以尝试问自己以下一些问题。

- 这件事是大家都需要面对的，还是只有我一个人需要面对的？
- 这件事是对每个人来说都很难，还是只有我一个人觉得很难？
- 我从这件事中可以看到自己的优势是什么？劣势是什么？
- 这件事让我害怕和担心的究竟是什么？
- 哪些事我可以改变？哪些事我应该求助别人？哪些事不该由我来操心？

尽管千头万绪，但最重要的事只有一件，做好这件事后其他事就相对简单了，立即找出这件事。

真正地接纳，并不是安于现状，而是跳出事情的细节，打开眼睛和心灵去"看见"本质，对于事情的各个层面了解、认同和接受。我们要如实地面对事情，主动接纳客观条件，用积极的方式和自己对话。

3. 每次努力都能前进一点

大家经常说一句话：听了很多道理，还是过不好这一生。为什么呢？因为那些道理没有形成你个人的认知体系。那些零散的知识，只有当你遇到实际问题的时候，才有可能发挥作用。

我经常跟团队的艺人统筹讲，我们应该从积极的一面去看待问题：当你很焦虑、很烦躁的时候，周围的人也会不安和焦虑，你在大家眼中也容易成为一个能力缺乏、不能"扛事"的人。当你整个人是松弛的、积极的，你的状态也会感染和影响到周围的人，大家会越来越信任和需要你。不要把问题当成自己的麻烦，而是换一种角度想：哇，太好了，我又有机会比过去的自己厉害一点点！

当我们的项目进展顺利，大家积极配合时，我会感恩自己和团队的付出。那是由于我们的前期邀约工作做得好，执行中保障工作做得好，后期收尾工作做得好，所以下次对大家有更高的要求和期待。当合作中出现问题的时候，我也不会去抱怨自己和团队。每次问题的出现都能让我们看到自己没有注意的那一面，每次问题的解决都能让我们学到一些新的经验和方法。弄清楚问题是什么，是拓展艺人统筹思维和逻辑能力的过程；归纳不同的问题，是提升艺人统筹总结和复盘能力的机会。

一个人能力的高低，就在于他能够解决多少问题。刚入行的人，由于经验欠缺，往往不能发现问题，更别说去分析问题了。工作几年的艺人统筹，虽然能够看到表面的东西，却不一定能看到深层次的问题。资深的艺人统筹，既能看到行为上的问题，也能看到思维上的问题。

这种解决问题的能力，让我们不断精进。不管在什么样的环境中，无论面临什么样的压力，我们都要能快速调动自己的状态，积极去迎接挑战。

第二节　如何不说谎拒绝他人

一、不懂拒绝，于是说谎

我跟恬恬喝下午茶，她感慨自己做艺人统筹好几年了，只有一件事情至今想起来仍然会后悔。

当年，恬恬带着节目组见了一位女演员，从性格、表达、能力各方面，她都跟即将录制的节目很匹配。但是到了签约阶段，客户突然不同意用她。原因是，这位演员曾经的一个作品有争议，客户担心影响品牌形象，所以再三考虑还是不能接受。

这位演员的经纪人非常用心，不断地打电话追问节目进展。女演员自己也特别用心，给恬恬提了很多对节目的想法，并且主动提出，希望早日参与节目前期的内容创作，大家一起把这件事情做好。

那时，恬恬刚做艺人统筹不久，不知道怎么拒绝对方。一开始，她就拖着这件事，对方发微信消息就说忘了回，对方打电话就说没听到，实在躲不过去就找各种说辞，比如合同还在法务部门审核之类。

距离沟通的录制时间越来越近，这位演员的经纪人急了，直接到公司去找恬恬。恬恬知道无法逃避了，但是她又不擅长拒绝，于是说谎了。

她告诉对方，各种原因导致节目延期了，暂时还定不了什么时候录制。经纪人慌了，问怎么办，因为艺人后面还有一部剧，如果综艺节目的时间定不下来就会影响到剧的档期。恬恬只能继续说谎，想让对方彻底断了合作的念头。她说，不仅是延期问题，节目能不能继续做都是未知的，要不你们先把剧谈妥了，别两头都耽误了。

最后，节目正常录制和播出，经纪人也从其他渠道了解了真实情况。经纪人很生气，认为恬恬用各种理由搪塞自己，不仅没有诚意，还很不专业。后来，当恬恬再找这位经纪人的时候，对方态度大不如前，变得很冷漠。

恬恬非常自责，我为什么不能跟对方说实话。只要我真诚地说出难处，我相信对方能够理解。但是，我偏偏编了各种理由，导致最后不得不说谎。

二、为什么拒绝很难

恬恬的故事，其实在很多艺人统筹身上都发生过。我刚工作的时候，也曾因为害怕拒绝他人而说谎。其实，说谎是因为拒绝很难。

（一）拒绝很难的原因

- 这是一个讲人情的社会，拒绝容易造成一种你没有人情味儿的感觉。
- 每个人都爱面子，当你拒绝别人的时候，其实很容易顾虑自己的面子。

- 我们总是害怕因为拒绝他人而破坏融洽的人际关系，不希望出现尴尬的场面。

美国一位资深心理治疗师苏珊·佛沃，从她几十年的治疗案例中提炼出一个概念叫作："情绪勒索。"

当我们感觉到无法拒绝对方的要求，但又不是十分心甘情愿去做时，就会引发内心负面和复杂的情绪和感受。我们感觉到压力很大、觉得愧疚，又有一些害怕和罪恶感在里面时，于是说谎就成为一种自我保护。说谎背后的根源：我不想成为让你失望的那个人，从而让自己陷入"情绪勒索"的泥潭中。

（二）如何避免用说谎来拒绝

我们在工作中要避免"情绪勒索"，首先需要把他人认可变成自我认可。

1. 比顺应他人想法更重要的是守住自己的边界

什么是边界？边界就是，当你不知道用什么态度来对待自己的时候，别人就会用他习惯的方式来对待你。只有对自己的感受和情绪负责，能够直接、坦然地表达自己的想法，给出对方拒绝的理由，你才会在这个过程中感觉到自己的重要性。说谎看似表面解决了问题，但其实在人的内心，因为不能做到对自己坦诚，所以仍然属于逃避的状态。

守住感觉的边界,就是知道自己想要什么,以及不要什么。没有边界,意味着没有底线。无论别人说什么,你都行;不行的时候,还得想诸多借口去搪塞。说白了,你就是不敢直接表达自己的观点。久而久之,所有的问题都积压在自己心里,却隐匿了自己真正的感受。你认为你受到的委屈,在别人看来都是理所应当的;你认为你受到的不公平待遇,在别人看来都是你心甘情愿的。

有时候,不是别人本能知道该如何对待你,而是你教会了对方如何去对待你。

2. 比妥协更有用的是提升自己的价值

有一次,有位艺人统筹忍不住找我抱怨:某某经纪团队有多么强势,提出来的要求多么过分,合同条款改得多么离谱……说到情急之处,恨不得马上拉黑对方。

我说,对于不合理的要求,我们拒绝就好了。可是,他立即蔫儿下来,问我该如何把握其中的分寸,既不得罪对方,又让对方感觉到自己不好欺负。

"你是把对方当朋友还是合作伙伴?"我问。他愣了一下,然后回答:"当然是合作伙伴。"我说,那事情就简单了。

朋友是经过岁月的考验才沉淀下来的人,朋友之间一般只需要情投意合。但是,还有一种社会资源关系,那就是所谓的合作关系。合作关系是否牢固,看的是价值,情谊只会锦上添花。谁的价值大，谁就更有发言权，更有拒绝的权利。

当你是一个有价值的人时，你的拒绝只会令对方另眼相看。因为拒绝本身是一种态度。不卑不亢、有理有据的拒绝，反而令人尊重。反之，当你是价值不大的人时才会害怕，你拒绝他以后会不会失去他？这就是合作伙伴之间的强弱关系链。当你的价值大于需求时，无论你怎么拒绝，他对你的强需求都不会变。

三、不说谎的拒绝技巧

不说谎也能拒绝他人吗？当然，下面两种方式可以让你说出拒绝的话，仍然取得好的沟通效果。

1. 你会生气吗？你会介意吗？你会不会因此讨厌我

其实，拒绝人最难的地方不是你说出拒绝的话，而是你说出话的那一刻，你们的气氛变得很尴尬。正是那种让你和对方都感到尴尬的氛围，让你不知该如何拒绝。因此，如果能打破这个尴尬的局面，问题就变得简单了。我跟大家分享一个技巧，那就是预测接下来发生的事情，并抢先一步替对方说出来。

假设对方被拒绝以后会生气、会介意，甚至会删除你的联系方式……这些都是你拒绝对方之后，对方可能出现的情绪和行为。你先把话说出来，反而防微杜渐。

因为每个人都希望给他人留下好印象，如果因为对方的拒绝就生气、介意、拉黑……显得不够通情达理和容易被人说成小心眼。所以当你想要拒绝一个人的时候，可以问他以上这些问题，大部分人会装出平和淡定，甚至满不在乎的样子。

如果真的遇到有人顺着你的话说，我肯定生气，我非常介意，我们以后再也不要联系了。你也应该表达出对他的理解：如果换作是我，我也可能跟你一样。先认可对方，再坚定自己的态度，把自己的难处跟对方讲清楚。核心就是把你们不愿意面对的问题都放到明面上。

当你做了这一切以后，对方仍然非常抗拒，无法接受呢？

2. 这件事情我确实做不到，还有其他什么地方能帮到你

并不是每种拒绝都没有谈判的空间，一个善于沟通的人总是会在不可能中寻找可能性。比如，恬恬这件事情怎么做可以更好呢？

第一步，明确告诉对方，这个节目不能合作了。至于原因，可以酌情把一些情况透露给经纪人，因为站在客户的角度，有顾虑和担心也是可以理解的。

第二步，把对方当成一起解决问题的人，而不是让对方成为你的问题。如果对方接受事实，事情就解决了；如果对方不接受，认真倾听对方的原因，看看还有没有其他选择。比如，他们

自己有办法，可以跟客户解释和争取呢？

第三步，还能帮对方做什么？比如，整季节目不能合作，是否可以争取做飞行嘉宾？这个节目不能合作了，是否接下来其他节目还有合作的可能？帮经纪人想好说法，让他能跟自己的艺人有一个交代。

"我还能帮你做什么？"，这句话体现的是同理心和关怀。

- 我拒绝的不是你，而是这件事，对你这个人，我仍然很认可。
- 我不是要拒绝你，而是你提出的要求，所以我们下次仍然有合作的机会。
- 虽然这件事我拒绝了你，但是在我能力范围内，我依然理解你的难处，愿意与你一起分担。
- 虽然我拒绝了你，但是我们不是站在对立面，我们还有一起并肩的可能。

留有余地，有时候本身就是雪中送炭。

合作伙伴之间能够三观一致、相互体谅，讲究的是缘分。遇到难搞的人和事，甚至彼此立场对立时，我们要不说谎地拒绝，这是本分。做好本分，会让你在别人眼中宽容而不失原则、敏锐而不失柔和。

第三节　如何自信地做出决策

有艺人统筹曾经问我：欢科姐，只要你在现场，大家就会觉得特别安心，我们该如何提升这种能力呢？

当一个人的合作对象会因为对方的存在感到踏实和放心时，是对这个人专业能力的一种认可。更因为这个人能够在关键时刻，自信地做出决策，让对方有安全感。体现在艺人统筹身上，这就是一种控场能力。

一、什么是控场能力

当录制中遇到一些突发情况的时候，现场的人大概会有以下反应。

- 大家面面相觑，不知道该怎么办，结果容易耽误时间。
- 没有人愿意承担后果，只能层层汇报，最后无法及时解决问题。
- 有时候彼此推诿，谁都觉得这不是自己的事情，导致问题被放大。
- 做好了，自然好；做不好，也许会被人说强出头，甚至因此被问责。

在各种状况下，能够果断做出决策的人，一定对专业有较清楚的认知，以及敢于承担责任和承受压力。

1. 掌控自己是能够在一定压力下做出决策

没有人比艺人统筹更了解与艺人相关的事情，你的经验、认知、预判，在这种时候都会成为你是否能够站出来做决策的前提。那怎么判断自己是否具备做出决策的条件呢？问自己以下三个问题。

- 在这件事情中，有没有跟你相关的？
- 如果跟你相关，你是否比其他人更了解这件事情？
- 如果你比其他人了解得更多一些，能否想出三种解决办法？

除了我们前面讲的，因为怕担责任，所以做决策很难。还有一个非常重要的因素导致很多人控场能力弱，或者根本不敢去控场，那就是对自己没有信心。

有这么多比我厉害的人都没出头，我没有发言权；我的经验和资历尚浅，凭什么让所有人相信我的话；我跟大家没那么熟，如果大家不听我的话太丢人了……当这些心理负担大于事情本身的时候，一个人就会瞻前顾后、怯怯懦懦，无法真实地表现自己。如何突破这种心理障碍呢？

2. 控场就是感染对方、影响对方的一种自信的气场

（1）要对各个流程都非常熟稔。

有些艺人统筹会觉得，我服务好艺人和经纪团队就行了，其他事情跟我有什么关系呢？

大家可以实验一下，看看自己在一个陌生的环境中和在熟悉的环境中状态是否一样。你会发现，这是两种截然不同的感觉。陌生会让你局促，熟悉会令人从容。

因此，熟悉节目现场是什么样子，每个工种是做什么的，有哪些人在为这些事情服务，大家的流程是什么样的等非常有必要。

（2）要有一种正面的态度。

人的态度分为负面的态度和正面的态度。

当遇到突发状况或者麻烦频出时，负面态度的人的想法很消极，情绪上非常抵触，心想我是不是又要背锅了，是不是又有人要陷害我了……正面态度的人虽然觉得事情很麻烦，但会为自己做心理建设，幸好我们及时发现了这个错误，所以没有造成更大的伤害。我们需要先来处理什么事情？从这件事情中我们能不能学到什么？从这个错误中自己和团队是不是又获得了成长？

上述两种不同的态度会决定，你愿不愿意去控场，以及你的控场能力怎么样。

负面态度的人习惯性地逃避后果，而正面态度的人喜欢自己掌控结果。

（3）要有一颗不可替代的责任心。

我们判断一个人能不能把事情做好，标准之一就是他对这件事情有没有责任感。

有人说：艺人统筹的责任就是，跟艺人相关的事情，都是艺人统筹的事情。我认为这种看法不够全面，不能一言以概之。

因为跟艺人相关的事情琐碎繁多、涉及面广，如果一位艺人统筹听了这样的话，就去抓跟艺人相关的所有事情，很容易迷失在具体的事情中，不能直抵要害，发现要做的事情的核心和本质是什么，最应该关注和重视什么。不会抓重点的艺人统筹，反而容易不负责任。

我认为更准确地说，不是跟艺人相关的事情都是艺人统筹的事情，而是在整个节目合作过程中，跟艺人相关的事情，艺人统筹都应该以主人翁的态度去身体力行。艺人统筹应该主动地贡献想法，积极地解决问题，自信地调动一切可调动的资源，而不是消极被动地等待，甚至逃避懈怠。

二、控场能力是一种自信力

接下来，我想着重跟大家聊一聊控场中的心理因素——自信。专业能力可以随着经验的积累来提升，借助外界的方法、技巧来完善，但是能不能自控、自如、自信地表达和展示自己，却要靠你自己来完成。

1. 自信来源于克服障碍后的成就感

我们每个人的信心不是源于放弃，而是拼尽全力，闯过一个又一个关卡后，才会越来越笃定。

有一位男艺人，节目组的人都很喜欢他耿直有趣的性格。如果网上有人用难听的话恶意中伤他，他就会毫不留情地怼回去；如果这些话有道理，他就会自黑，跟大家拿自己开玩笑。他身上自带一种"哥就是自信放光芒"的魅力。无论什么时候，只要有他在的场合，他总能自如地掌控全场。

有一次，我半开玩笑、半认真地向他请教，问他的迷之自信来自哪里？他说，别怂，就是干。想做一件事，只要自己认定了就去做。不要管别人的冷嘲热讽，你一旦做到了，所有人都会来称赞你，你就会充满自信。当面临下一次困难和决策时，你会更加明确自己的目标，相信自己的能力。以后，每遇到一件事，你会越来越自信。就这样，日积月累，你就获得了成功。反之，你想做一件事，但是思虑太多、拖延太久，最后你没有做成，或者只做了一半，就对自己的能力产生了怀疑。下一次事情来临的时候，你就会习惯性地自我否定，直到最后不能独立地做出判断。

艺人统筹也是同理。当你的努力得不到回报时，我也希望你坚定地走下去，一年不行就两年，两年不行就三年，一心一意坚持到底。你的信念越坚定，内心就越自信，整个人的气场就越强，给你的合作伙伴传达的信念就越值得信任。不要再纠结"我应不应该说""我是不是要放弃""我能不能做得好"……而要努力思考"我可以怎么说""我还能做什么""怎样做才能更好"……这就是从"做不到"转化成"如何做到"的自信思路。

2. 自信来源于内心对自己的认可

有段时间，流行用"少女感""少年感"来形容一个人的状态，大家想表达的是，对方已经过了青春期的年龄，但仍然充满活力，感觉很年轻。其实，我认为所谓的"少女感""少年感"都是外在的"装点"。一个人可以通过穿着、造型、美肤等，从视觉上看起来更年轻，但是内心的安全感、焦虑感、无助感无法掩饰。

其实，我们要追求的不是"少女感"，而是"少女力"，不是"少年感"，而是"少年力"，这种力量是发自内心的对自己的认可。

无论你的年龄是20、30还是40，无论你是职场新人还是资深专家，无论你是身居高位还是普通的打工者……都有可能因为由内而外散发出来的自信，让别人感受到你年轻的状态。

一个人的内心是通过眼神、肢体、表达，以及为人处世的细节来体现的。如果你内心不自信，你可以表面佯装自信，但是不是真的自信。如果你内心对自己不认可，你可以假装很喜欢自己，但你一定做不到在每个场合、每个时机都真正地爱自己。总有一些瑕疵，总有一些纰漏，会被别人发现。

"感"，容易模仿，容易学习；"力"，却只有在你真正认可自己、喜欢自己，认可自己做的事情，认可自己价值的情况下，才会树立。内心有力量的人，不管外界对你有什么样的评价，你都不会迷失自我。

3. 自信来源于接纳自己的一切

艺人统筹会跟文娱行业的很多佼佼者打交道。一方面，艺人统筹能从他们身上学到有助于自己成长的经验和方法；另一方面，艺人统筹会受到他们成功"故事"的影响，对标自己的做事能力，容易陷入一种虚假状态，觉得"自己不够好"。

有人问我：自卑怎么办？没有优势怎么办？对自己充满质疑怎么办？我的答案是，如果你觉得自己笨，就多向他人请教，多看书和学习，多实践和总结，不断提升自己；如果你什么都懒得做，就去找那个能让你觉得热爱的东西，在这种驱动下，一点点培养习惯；如果你渴望成功，就把这种雄心变成前进的动力，去追求自己想要的生活……

无论你是哪一种人，首先接纳自己的一切。越着急否认自己的不足，越不能从容面对；你以为能视而不见，偏偏你想掩饰的东西都会被人看见。不信你试试，别去想一头粉红色的大象。

我曾经有一段时间，也很在意大家对我的评价和看法。在写本书之前，只要一想到身边有那么多优秀的同行在观望，也会怀疑自己能不能写好，担心会不会被人嘲笑。后来，我问自己：你的初衷是什么？为什么要做艺人统筹？为什么进入这个行业？为什么一做就是十几年？为什么要写本书？于是，我自信且坦然，准备接纳一切、迎接一切、拥抱一切。问题的答案就在本书中，这些就是我的初心。

第四节　如何让自己不内耗

有一次，一位艺人统筹问我：对于做艺人统筹来说，有什么很重要。我想了想，然后告诉他，时间和精力。

因为身体是我们发挥技能的唯一资本。一个身体健康、精力充沛的人，在同样的时间里，可以比别人完成更多的事情，所以容易有更长久、更成功的职业生涯。

其实，不仅是艺人统筹这个职业，放眼望去整个文娱行业，因为竞争大、负荷重，所以大家都在争分夺秒。注意力在哪里，时间就在哪里，而时间用在哪里，未来就在哪里。

但是，如何最大化地运用时间、聚焦注意力，拥有充沛的精力呢？

一、不要让内耗消磨你的精力

1. 什么时候人会有内耗的感觉

有很多事情需要你去思考、去筹谋，但是你只能把事情一件一件地完成。你看着别人在加速前进，但是自己只能慢慢来，这种心余力绌、担心自己被甩在后面的危机感和挫败感，就会产生精神上的压力，于是出现内耗。

有一年，艺人统筹雯雯在做一个音乐节目，每次她给我打电话，我都能感觉到她的焦虑已经渗透到细胞里，马上就要从身体里迸发出来了。

她说，早上睁开眼就有无数件事情要去完成：眼看录制在即，艺人的合同没有签订，很多条款都没有谈妥；商务部的同事，迫切需要她去维护客户的权益，否则招商面临撤单问题；还要考虑接下来请哪些飞行嘉宾，跟他们一一对档期和合同；每个人都认为自己的事情最重要，所以人人都在把她往前赶……她向我求助，问我应该怎么办？

其实，这位艺人统筹的工作经验很丰富，但是刚好那个阶段，她要忙家里的装修，父母回老家去了，她还要带孩子。成年人被最后一根稻草压垮了，她感到分身乏术、力不从心。

2. 最重要的事情只有一件

我问她，在所有的事情中，如果只能有一件事情最重要，你认为是哪一件事情？这件事情如果不完成，后面的事情即使你做了，意义也不大；这件事情如果完成了，整个绩效的80%就实现了。

她发现，其实当前最重要的事情，应该是迅速推进艺人的合同。如果合同无法签订，后面的商务权益、市场推广、产品配合等都没有办法落实。艺人的合同是牵一发而动全身的事情。但是她感到，合约的谈判是一件很艰难的事情，会面临很多阻碍。

于是，我继续问她，如果现在这个艺人不跟我们签合同，中途决定不来了，你认为同时期你还能请到更好的艺人吗？你认为是去找替代他的人更容易，还是继续说服他更容易？她一下子就明白了，突然激动起来，对我说："你这么一分析，我感觉轻松多了，好像有了抓手，知道自己接下去该做什么了。"

管理大师史蒂芬·柯维在《高效能人士的七个习惯》一书中不停地强调一个原理：要事为先。当你知道80%的生意来自20%的客户时，你就应该把你80%的时间用来服务好这20%的关键客户。当你知道80%的业绩是由20%的关键任务决定的时，你就应该放弃每件事情都追求完美的心态。

我告诉雯雯，接下来你要把80%的精力放到艺人合同上，等合同签订后再重新分配比例，找到下一件最重要的事情，然后把80%的精力放到那件事情上。以此类推，永远去做最重要的事情。

所谓成功，就是让自己不断从80%进入20%，做时间的断舍离和精力的断舍离，把主要目标聚焦在最重要的事情上。

二、学会给自己的精力"留白"

1. 避免做出过多选择

据说,布里丹教授有一头毛驴,他每天只喂毛驴一堆草。有一天,教授将两堆草放到毛驴面前。毛驴陷入了纠结中,不知道应该吃哪一堆草。最后,可怜的毛驴把自己饿死了。毛驴本来应该享受更多的美食,却因为决策过程中犹豫不定、迟疑不决,最终放弃了选择,丢了性命。

后来,这种现象被人们称为"布里丹毛驴效应"。这种现象告诉我们,一旦出现太多选择时,大脑反而容易产生决策疲劳,甚至罢工。

我们反复讲,艺人统筹的工作是服务人的工作,人的事情烦躁琐碎,人的情绪千丝万缕,每个细节都不容忽视。正因为如此,我们的大脑会在不知不觉中被很多重要和不重要的信息塞满。一旦时间被无关紧要的事情占用了,精力就会在不知不觉中被耗光。长此以往,艺人统筹筛选、处理信息的能力就容易弱化。

2. 分清重要和紧要的事情

在文娱界,有时候会形容一个人"做行活"。这可不是什么夸人的话,除了泛指这个人做事缺乏创新,像流水线一成不变一样,更多时候暗指这个人不专业、不敬业。做行活的人,有可能是偷懒,更有可能是经常被工作中一些无谓的决策消耗了意志,反而不能把精力投入到更有价值的事情中。

史蒂芬·柯维有一个著名的时间管理理论，把事情分为四种类型：重要又紧急、重要不紧急、不重要但紧急、不重要不紧急。

- 重要又紧急的事情，要集中精力，立即去做。
- 重要不紧急的事情，要有计划地去做。
- 不重要但紧急的事情，可以交给别人去做。
- 不重要不紧急的事情，最好放弃，别去做。

给精力留白就是要未雨绸缪，不要一直低头走路，被各种紧急的事情推着向前。在做事的过程中，我们需要暂时停下来，看一看自己走的是哪条路，这条路对不对。当时发生了什么事，为什么会这样，为什么会做这个决定，我做这个决定有没有更好的策略……

回头是为了让自己更清楚地看到前行的路是否正确。

三、动力多少决定精力高低

1. 当你明确做事的目的时，事情就变得简单了

在这里，我讲一个关于早起的故事给大家听。

过去，我习惯熬夜。一般凌晨一两点才去睡觉，有时候录制节目，还会遇到凌晨四五点收工的情况，起床时上午已经过去一半了。虽然知道这种生活方式不健康，也一直想调整过来，但我始终做不到。

后来，有一段时间总是容易感冒，还发现自己头发掉的比以前多了，我就去看医生。医生强调说："我给你调理是辅助，你自己要早睡早起，人应该秉承着大自然的规律，日出而作，日落而息。"

医生已经这样告诉我了，你猜我有没有做到？是的，我没有。为什么？因为我觉得既然已经开始喝中药了，肯定能调理好，而且周围人都这样作息，也没出什么问题。也就是说，从根本上，我仍然动力不足。虽然我认为医生是对的，但是对于我为什么要按照他的话去做，原因不够清晰。

直到有一天，我开始失眠。以前不论几点睡，总能够快速睡着。那时，我听见自己的心脏"扑通扑通"跳，就像鼓点一样。一般持续到凌晨四点才有一点困意，迷迷糊糊睡醒，一看手机不到七点，就再也睡不着了。这样一来，白天没办法专注，晚上特别疲乏又睡不着。每天都觉得很累，经常会无故地心跳加速。

于是，我又去看医生。医生说："你再这样下去会没命的，你知道吗？"这时候我才开始害怕。从那一天开始，我强制地改变自己的生活习惯，每天晚上十一点准时躺在床上。

刚开始那段时间很痛苦，意识明明清醒但是又不能做别的。中间我还反复过几次，忍不住去拿手机，看看自己有没有漏掉什么工作信息。可是，只要想起医生的话，我就赶紧把手机扔得远远的，乖乖地继续躺在床上闭目养神。

不知道从哪一天开始，慢慢我就能睡着了。过去两三年，我尝试了很多次但始终失败，我觉得不可能做到的事情，不到一个月就做到了。

道理就这么简单，但是真的去做并不简单，不是因为我们不知道这样做是对的，而是因为我们不知道为什么要这样做。

2. 懂得养精蓄锐的人，才能更好地续航

一幅画的构图，如果布局太满，就会给人压抑、逼仄的感觉。反之，如果有一些留白，就会让人感到舒适、自在和辽阔。

南宋有一幅画叫《寒江独钓图》：一只小舟，一个渔翁在垂钓，整幅画中没有一滴水，但让人感到烟波浩渺，到处是水。

最高境界的审美，就是给人留下想象的余地，正所谓"此处无物胜有物"。这就是为什么人们压力很大的时候，亲近大自然会感觉到放松。因为天高地阔，万物自由舒展，处处有留白。

很多人刚开始做艺人统筹的时候，因为新鲜感和奋进心，经常连轴工作后仍能生龙活虎。随着年龄渐长、好奇心褪去，你会发现自己越来越缺乏动力，甚至觉得倦怠和困顿。这时候，我们要解决的不是如何去精进业务，而是给自己的身体"养精蓄锐"，为精力留白，腾出一些喘息和复原的空间。

真正的热爱，从来都不是咬牙切齿地拼命，而是长期主义者，是温柔而坚定地前行。

第五节　如何获取人脉

随着你入行的时间越久、资历越深，你很容易听到一些羡慕的话：哇，你的人脉一定很厉害吧！有些艺人统筹就会被这种所谓的人脉广、人脉多而蒙蔽，感到沾沾自喜，甚至生出傲气。事实真的如此吗？认识的人多就等于人脉广吗？

一、人脉是一种什么关系

1. 人脉的基础是认同

别人因为对你的认同，所以有了信任，基于这种信任带来的安全感，让对方愿意和你维持长期的合作关系。那么，艺人统筹用什么获得对方的认同呢？一定是专业能力，即你能为对方带来什么。

有一个情感类节目，要邀请一对明星夫妻参加。因为这是夫妻两人第一次一起出镜，所以双方都非常慎重。邀约过程几经波折，可是艺人统筹始终没有放弃。

他做了大量的分析工作：将他们的顾虑一一指出，把网络上有可能"黑"他们的地方，提前做出预判并提供解决方案；从他们参加这个节目会收获什么,到根据他们当前发展的局限性,给出综艺事业相关的规划……

每当艺人和团队陷入纠结的时候,艺人统筹都会秉持着耐心和细心去攻破他们纠结的地方,有的放矢地做出最直接和最及时的反馈。

当所有人都认为希望不大的时候,艺人方终于同意了。经纪人告诉我:艺人统筹太为我们着想了,替我们做了很多事情,所以艺人有了安全感,愿意跟节目组一起试试。

这样的案例比比皆是,很多峰回路转的合作,不是因为"转运了",而是对方从艺人统筹身上看到了"希望",这种希望就是艺人统筹给对方的一颗"定心丸"。

2. 人脉是一种情感上的牵绊和关照

有很多人在工作中特别怕"打扰"别人,既不给别人添"麻烦",也不希望有人"麻烦"自己。但人与人之间就是要靠不断地互动、不断地沟通,才能知道对方需要什么,我能帮你做什么,我希望你可以提供什么给我。

职场关系,情感关系,家庭关系……很多人际关系的问题,不是出于"麻烦"太多,而是事不关己、漠不关心。你是真的怕麻烦别人,还是不愿意承认自己需要对方,更怕承担对方需要自己的责任呢?

有一次，有位艺人统筹想找某艺人的经纪人，他没有向我们熟悉的艺人统筹求助，而是自己加了各种不靠谱的群。最后，他感觉不太对劲儿，担心被骗，才怯怯地截图问大家。

当时，我们都哭笑不得，因为这位艺人明明跟我们合作过很多次，大家只需要把微信推给艺人统筹就行了，结果他饶了那么大圈子。

他说，自己知道每个人手上的工作都很多，所以不愿意开口麻烦大家。我告诉他，想要快速成长，你必须学会求助。遇到自己解决不了的问题，一定不要吝啬向团队、向领导求助。有时候，怕麻烦这种思想包袱，反而可能耽误了事情，带来真正的麻烦。

真正为你好的人，不会埋怨你给他添麻烦，反而会埋怨你怎么不早点找他帮忙，既高效解决了问题，又拉近了彼此的距离。人与人之间的关系就是在彼此需要的前提下，越来越亲密。

当然，我们这里所说的"麻烦"，并不是巨婴行为的伸手党贪图安逸，更不是没有责任心的推脱和没有担当。艺人统筹用"麻烦"来拓展人脉，必须掌握三懂：懂分寸，懂感恩，懂回报。

"该不该麻烦别人"，从来不是问题的本身，真正成为问题的是，如何通过互动与别人建立联系，消除信任的界限感，让彼此之间更加认同和默契。

二、艺人统筹如何获取人脉

艺人统筹这个职业的人脉，是基于你的服务对象艺人，所以这里有两点很重要：第一，你合作过多少位艺人？第二，合作的口碑怎么样？

（一）人脉的数量取决于合作的范畴：类型越广，人脉链接越多

艺人统筹接触到的艺人类型包括演员、歌手、主持人、导演，以及文娱行业出类拔萃的名人等。对应的节目需求包括语言表达能力强、擅长舞台表演、有竞技运动天赋等。

成熟的艺人统筹，不是熟悉某种类型的艺人，而是对各种艺人、节目需求都了然于心，并且可以替节目匹配合适的艺人。

（二）人脉的质量取决于合作的价值：贡献越大，人脉链接越深

人脉是由你能够为对方提供的价值决定的，但很多人都不清楚这一点。因为不清楚，所以很容易在合作过程中出现以下两种极端情况。

1. 提供价值的两种极端情况

一种情况是强买强卖，自认为我的这个东西对你特别好，你

一定要试试，可是不去挖掘对方真正的需求；另一种情况是希望靠所谓的"真心"去感动对方，一直向前冲，完全不考虑对方能接受的方式。

有的人可能经历过，小时候父母怕你冷了，逼着你多穿点衣服；担心你饿了，强迫你多吃点饭。如果你真的不冷、不饿，久而久之就会觉得那是一种负担。这种甜蜜的负担一旦过多的话，其实会给对方造成很大的压力，甚至让对方开始逃避。

在这方面，很多资深艺人统筹和新人艺人统筹有很大的区别。一个刚入行的艺人统筹，在对方不回微信消息、不接电话的时候会非常焦虑，完全不知道该怎么办。他可能会一直打电话，发更多的微信消息，最后反而把对方推得更远。资深的艺人统筹这时候就会暂时停下，仔细分析对方为什么会这样，发生了什么事，对方的需求是什么，我如何用对方需要的东西去打动他……理顺这些问题，然后去链接对方。

2. 如何最大化地提升自己的价值

每个人都要明白所谓的影响圈和关注圈。我们要承认，每个人的能力和精力是有限的。一个职场新人、一个三五年的老手与一个十年的资深职场人士，所具有的经验和积攒的能量不同，所以能够影响的范围和深度也不一样。

我们应该聚焦于自己拥有的东西，把喜欢的事情做好，变成擅长的事情，然后把擅长的事情沉淀成经验做输出，最后通过分享和交流，让自己擅长的事情变成他人可以践行的方法，成为自己个人品牌的背书。

影响圈会让你和对方的信任模式更容易建立。一提到你，对方会觉得这个人很资深、很专业，所以合作起来很放心。当对方认可你的能力时，大家就不会在很多细枝末节上绕弯，而是会把精力放到解决核心问题上。当工作中出现一些无能为力的事情时，大家知道如何去做，比如因为某次招商情况不好，我们某个项目可能没办法继续推进了。

关于影响圈的事，艺人统筹有没有从艺人的角度努力解决各种问题。比如，去找更能匹配客户调性的艺人，让艺人与内容共创出更符合客户需求的东西，帮客户与艺人构想可能的商业合作模式等。但是，我们没有办法改变客户对节目的投资预算，没有办法改变客户领导的审美，没有办法改变最终的结果，这些属于我们影响圈以外的事情，是我们的关注圈。

有些艺人统筹每天工作的核心都放在今天怎么和这个人搞好关系，明天请那个人吃吃喝喝，后天陪着那个人游戏玩耍等事情上，以为这样能提升自己的影响力，其实这些都属于关注圈的事情。影响圈的事情，是由你的知识、经验、能力、素养等决定的。你能创造出多少价值，为对方解决什么问题，才是决定你影响圈的核心因素。

3. 如何找到对方的需求

找到对方的需求非常简单，那就是利他，能不能帮助对方解决问题，能不能为对方创造更大的价值，能不能让对方成为更好的人。

有些艺人参加综艺节目，是因为刚好有影视作品要推出，所以希望借助综艺节目增加曝光度，他要解决的是资源和宣传的问题。有些艺人可能擅长某种技能，比如歌唱、舞蹈、竞技体育等，所以他的需求是被大众认可，要解决的问题是如何通过好的内容设计，让他在节目中脱颖而出。还有些艺人希望通过综艺节目，让大家看到自己生活中的一面，所以性格部分的展示，塑造出人物个性的反差，是他们所期待的。

所谓的利他就是，我们能够在对方想要的基础上去增添几分？每分都决定了，你是不是能够最大限度地满足对方的需求。

4. 怎样形成自己的人脉圈

人脉的价值分为以下三个阶段。

第一阶段：能赚钱。

不仅自己有赚钱能力，还会利用资源和圈层帮别人赚钱。只有自己会赚钱，别人未必愿意跟你链接，只有当你愿意把你的经验和方法跟大家分享时，别人才愿意靠近你。

第二阶段：成为顶级高手。

一个能替他人创造价值的人是受欢迎的，一个能持续替自己和他人创造价值的人，多半是被他人需要的。我们应该怎么做呢？深耕自己的领域，做到极致的热爱和透彻的理解，把自己变成顶级高手。

第三阶段：能够代表行业承担更多的使命和责任。

保险界的销售女王叶云燕写过一本书叫作《给成交一个理由》，里面有一句话让我印象深刻：在高端客户的眼里，我已经不是服务人员的角色，而是一位励志榜样。

我在这个行业的时间越久，遇到的特别厉害的人越多，我发现他们身上都有一个共同的特点：用敬业去换尊重，用价值去换需求。

做艺人统筹，一两年做得好，不算真的好。如果能数十年如一日地保持敏锐心、专业心、善良心，让自己的形象成为一张名片，让自己的力量成为励志的榜样，这样的人别人不想靠近吗？恐怕你已经成为那个他人千方百计想要去换取价值的人脉了！

第六节　如何带好团队

艺人统筹为什么要会带团队呢？因为我们经常面对的不是单

一的个人，而是以人为核心的团队。比如，节目团队里有制片人、导演、编剧等，经纪团队里有经纪人、宣传人员、助理等，公司项目团队里有市场人员、运营人员、商务人员等。

艺人统筹的每次决策都是在向团队展示自己的管理能力，让大家看到以你为核心的凝聚力。从辅助配合的单人意识到自己能主导项目的团队意识，管理团队的能力是艺人统筹发展到一定阶段综合实力的体现。

也许有的艺人统筹会说，我不是管理者，我下面没有人啊！但你总有机会带实习生吧？每次带新人的过程，都是让你学习如何去做一名管理者的过程。

我要跟大家分享的管理心得不是传统的管理技巧，因为讲述那些内容的书籍比比皆是，但看了和学会是两码事。我希望真正的管理能够让你在现有的基础上变成更好的自己，同时能够带动其他人一起变好。

一、让每个人各司其职，发挥自己的优势

曾经有位节目导演问我，你认为某某适合做艺人统筹吗？有时候，我身边的艺人统筹也会困惑，找我咨询：你认为我适合这个职业吗？这个问题就像本书中关于专业那一节，常常有人问我：我不是学相关专业的，我适合做艺人统筹吗？

我认为文娱行业的工作者，首先要有大格局，体现在思维上就是不给自己设限，不要把自己的能力局限在传统的条条框框中，要有拼劲儿和创新意识。我真的不认为，不学这一行就做不好这一行，更不赞同只看到人的某一面就将人按照固有的标准分类。

曾经问我的那位导演，他之所以会质疑某位艺人统筹，是因为他看到的是，艺人统筹需要更好地处理人际关系，而这位艺人统筹有时候做事比较执拗，容易跟别人起冲突。我说这件事情要一分为二地看待，他执拗的地方固然需要改变，但正因为他的这种"越挫越勇"，所以面对一些很难的项目时，他会想各种办法，只朝着"如何能把事情解决"的方向去发力。同时，因为这种不服输的劲儿，他有时候确实给人一种强势的感觉，但他不是不适合这份工作，而是需要扬长避短。

我们要调整的是分寸，而不是改变他前进的方向。我们要让他知道，他的这种激进精神是一件好事，但是要讲究方式和方法。比如，"强"在对待工作、对待事业上是好的，但是"硬"如果用在人际关系上，就会出问题。这是因为人的感受是不一样的，而且人的感受无法替代。因此，在对待事上，态度可以很坚定；但在对待人上，沟通要柔和，要有耐心。

还有的艺人统筹觉得别人性格开朗，而自己比较木讷，不会说话，也会质疑自己能不能胜任这份工作。我会鼓励他：木讷并不代表你不专业，你需要做的是了解行业，理解自己在做什么，不断提升自己的专业能力。然后，在适当的时候能够真诚表达就好了，并不需要夸夸其谈。脚踏实地，言简意赅，往往比能说会道更让人信服。

管理就是这样，一定要了解每个人的优势是什么，每个人的劣势是什么。我带领团队的时候，会非常清楚每个人擅长的部分，会把每个人的优势放大，希望他们对自己有信心。同时，对他们不擅长的部分，也不会揠苗助长，而是寻找恰当的时机，跟他们一起探讨和分析。

二、正向反馈能带来正面激励

我经常告诉大家，相比隐藏缺点，不如把你的优点充分发挥出来，让更多人看见。当别人看见你的优点时，你的某些无关紧要的缺点就不会成为你的阻力，而会成为你的个性特征。

正向的反馈，对每个人都非常重要。因为艺人统筹的工作压力很大，如果只是不断看到对方的缺点、注视他的缺点，久而久之，那个人就容易变得自我怀疑。其实，生活中也是这样，大家都更喜欢也更愿意亲近那些能够发现自己优点的人，而不是负面反馈的人。

记得以前做制片人的时候，经常有人问我，为什么我总能把别人夸得恰到好处。我说，那是因为我真的看得见。我每次都能发现谁换了新造型，谁说了值得别人学习的话。

当一个人眼中只有自己的时候，就不太看得见别人。而我会去认真观察别人的样子，别人在做什么事，说了什么话。对每个人来说，这些很细节的东西，其实都是自己特别在意的东西。我看见了自己觉得好的地方就会说出来，而我觉得不好的地方就不会说出来。我相信，每个人都有自己的闪光点，所以我不需要去刻意找，总能发现别人的优点和美好。

三、做管理的人不要陷入细节和琐碎中

1. 要让团队中的人有成就感和安全感

很多人做了管理者以后，还是习惯自己冲在前面，什么事都亲力亲为。以身作则固然好，但是当你带领团队的时候，就要知进退。

你要明白，有些事不能替团队成员完成，需要团队成员亲自体验一遍。

我告诉你看完本书，你就会做艺人统筹工作了，但你还是需要自己参照着去做一遍吧？当你遇到问题的时候，可以有针对性地翻翻本书，看看书中是怎么讲的？如何解决的？你还可以发私信给我，大家深层次地交流。但是，如果你自己不置身其中的话，最后还是学不会。我会支持大家放心大胆地去做，如果谁做不成，我就在后面替他兜底。

好的管理者是让你下面的人都被夸很棒、很厉害，是让你下

面的人各司其职，每个人都要自己发光发亮，而不是突出自己的业绩。一个管理者，当大家只能看到你，你一出场大家就觉得"好棒，好厉害！"，这样的管理者未必是成功的。

2. 事情的结果最重要

我带团队的时候，比较注重结果。在过程中，我会告诉大家重点是什么，什么时候需要向我反馈。但是具体怎么做，通过什么方式去做，我不会束缚大家的思路。

前面说过，每个人的优点不同，缺点也不一样。有些人是靠优势去搞定事情，而有些人是靠别人认为的"缺点"去搞定事情。比如，我前面提到的那位性格"强势"的艺人统筹，有时候就是靠他跟对方据理力争，帮公司争取到更多的权益。

温柔有温柔的韧性，强硬未必就是坏事，重要的是，结果是什么。

四、如何判断你的管理是好还是不好

其实，判断标准比较简单：第一，看团队成员的业务能力怎么样，因为我们都是用业绩说话；第二，看团队成员是不是齐心协力，在项目面前不分你我、共同出力。

新冠肺炎疫情暴发的时候，文娱界纷纷献力，致敬我们的医务工作者，也借歌声表达万众一心的抗疫信念。我们当时邀请到上百位艺人，通过云录制完成了一首抗疫歌曲的录制。在此期间，艺人统筹需要分工联系艺人团队，需要不断沟通录制内容和形式，需要反馈音乐作品和视频素材……最后，不到三天时间，超额完成任务。

现在，经常听到大家开玩笑地说"内卷"好严重。我认为，如果团队成员的意志分崩离析，"内卷"会变成内耗，因为大家已经无心业务，只想着如何守住自己的一亩三分地。但是，如果一个团队的凝聚力强，所谓的"内卷"就是相互提携，反而变成一种良性的竞争。当大家彼此信任时，就会更依赖这个团队，每个人的效率也会提高。

在人生路上或者职场中，我们每个人都是"学生"，亦是"老师"。有时候带团队，不要把它想象成真的去"管"大家，而是一种经验和方法的传承。你如何把自己会的东西教给别人，他们又怎样把自己懂的东西教给新人。最终，每个人都能够腾出一些空间去进步，那么每个人都会越变越好。

第六章

终身成事

从事艺人统筹,挺好的

第一节 与其弥补劣势，不如发挥优势

一、如何抓住优势

有一次，艺人统筹娜娜找我聊天，告诉我内心很焦虑。她说，周围优秀的人太多了，跟他们相比，觉得自己很普通，甚至笨笨的，没有什么过人之处。

比如，她认为语言表达能力，自己比不上艺人统筹A。A思维敏捷、能言善辩，说起话来头头是道；不像自己，当众讲话容易磕磕巴巴，跟人沟通的时候总担心哪里说错话。关于人情世故，自己不如艺人统筹B。B跟什么人都聊得来，能迅速拉近与对方的关系；而自己呢，不擅长察言观色，经常猜不透对方在想什么，只会闷头做事。就连工作汇报，PPT做的不如艺人统筹C好看，方案想的不如艺人统筹D全面，总结写的不如艺人统筹E精炼……总之，在娜娜眼中，自己就是一个"毫无亮点"的人。

1. 为什么觉得自己没有优势

我身边有不少人像娜娜一样，谈到自己的优势，往往会很困惑，甚至很自卑。

- 我的优势是什么？我也不知道啊！

- 我会的别人也会啊，肯定算不上优势！
- 我好像什么都会一点，却没有特别擅长的地方！

为什么大家普遍认为自己"平淡无奇"，不如别人呢？我认为，这源于大家对优势的误解：拿自己跟他人做对比。

在娜娜眼中，跟他人对比的结果是判断自己优势的标准。可能她自己都没有发现，她的意识并不是成为更好的自己，而是焦虑如何成为更好的别人，比如成为擅长语言表达的同事A、成为擅长人情世故的同事B、成为制作PPT很厉害的同事C……

2. 我的优势是什么

你想成为更好的别人，就是一直在劣势上努力，拼命弥补自己的短板。结果就是，你把自己的某项能力，从不如他人提升到跟他人一致。然后呢，如果对方也在进步，他在这方面仍然会比你强。要么就是你成长的速度，追不上对方前进的速度；要么就是你追对方的时候，遇到了成长的天花板，如何都突破不了。

管理大师彼得·德鲁克曾说："大多数人穷尽一生去弥补劣势，却不知从无能提升到平庸所要付出的努力，远超过从一流提升到卓越需要付出的努力。"

我们如何找到自己的优势呢？

（1）弄清楚我有什么。

我发现娜娜笑起来很甜，说话轻声细语。于是我问她："你认为是一位看起来精明干练，说话一丝不苟的艺人统筹更容易跟人打交道呢，还是一位看着和善可亲，说话不急不缓的艺人统筹更容易跟他人建立友好关系呢？"她想了想，说："可能后者吧，因为没有什么距离感。"我说："聪明的人锋芒都显露在外了，一看就不好惹，对方就会生出戒备心；柔顺的人看起来攻击力比较弱，别人就不会那么防备。"

我告诉娜娜，你的优势之一就是，你的笑容可掬，你的性情温和。这些是你天生就拥有的，是长在你身上的，是可以不费大力气去开发的。接下来，你要做的不是反其道而行，把自己修炼成一个聪明干练的人，而是在现有基础上把自己的优势无限放大。比如，训练自己的表情管理能力、肢体语言管理能力，训练自己说话的语气、节奏、音调等。在合作和谈判中，先形成一套自己的表达方式和沟通风格，再去提升自己的表达能力、沟通技巧等。

一个外表温柔的人，如果头脑清晰、态度坚定，会比看起来强大的人坚韧无数倍。认清自己有什么，就超过了一半的竞争者；如果还能做到极致，就形成了自己的优势。

（2）弄清楚他人有什么。

很多人恰恰相反，着急去改变的不是自己已有的，而是自己没有的。不知道你有没有听过木桶理论，说一只木桶能装多少水，取决于它最短的那块木板。类似这样的道理在不断地提醒我们：只有弥补自己的短板，提升自己最弱的那一项，才有可能获得成功。

我认为，这不是绝对的，任何条件都需要因地制宜。对于一个职场新人来说，确实应该集中精力提升自己能力最弱的地方，因为短板会直接影响到，你是否有机会被人看到长板。但是，随着一个人的职业生涯不断发展，尤其工作三五年以后，比起努力提升短板，更重要的是聚焦在自己的优势上，把自己的长板做到极致。因为这个阶段，如果你的认知、思维和处事都比较成熟了，就可以通过与人合作的方式，弥补自己的短板。

我在本书开篇的时候就提到，艺人统筹的"统"，是具备项目管理能力，是拥有团队作战能力。因此，一名优秀的艺人统筹，完全可以通过"自己+执行者+外脑+导师"这种整合资源的方式，弥补短板的不足，让长板更加突出。

没有人什么都擅长，看起来完美的人，只不过是知道扬长避短；更成功的人，懂得识人用人，联合更多资源，把优势发挥得淋漓尽致。

二、如何把劣势变成优势

1. 劣势也许是你的潜在优势

任何一件事情都是有利有弊的。有时候，劣势也可能成为优势。有些人不是事事都做得很完美，但是某个特征很明显，反而容易让人印象深刻。因为过于完美会让人觉得欠缺平常人的"普通"，甚至会给人一种不够真实、接触有距离感、很难交心的印象。这时候，你的某些劣势，反而会成为你的优势。

这也是为什么有些"偶像"艺人，上了综艺节目以后，大家反而会觉得"假"。这是因为他们担心被观众发现自己的不足，过于粉饰自己，掩盖了真实的性格。当我们用"有魅力"来形容一个人的时候，大部分源于对方身上具有独特的个性，这种个性的魅力会让优点更突出、性格更鲜明。

我经常开玩笑说，自己是从什么时候开始具备做一名艺人统筹的潜质的呢？可能就是从可以敏感地读出对方需求的那一刻开始的。事实上也是如此，能做好艺人统筹这个职业的人，大部分比较敏感。

当一个人的敏感是劣势的时候，在工作中容易感到委屈，甚至受伤害。可能别人无意说的一句话，就会让他浮想联翩；也许别人无意的一个举动，就可以令他揣测良久。而当敏感成为理解对方的一把钥匙时，就激发了同理心，就变成了一种优势。同理心强的人，能够更快地发现对方的需求，有更好的洞察力。相比不敏感的人，更能站在对方的立场上考虑问题。在为人处世中，他们给大家的感觉更加舒服。这时候，天性中的敏感就成了你的一种潜在优势。

2. 如何把劣势变成潜在优势

把劣势变成潜在优势，需要我们转换思维方式，从另一个角度看待问题。以"敏感"为例。一个人性格敏感，是一种本能的特征，本能地感觉到好或坏，本能地进攻或防守。这种天真的状态，容易刺伤别人，也容易刺伤自己。

艺人统筹经常遇到沟通不顺畅的情况，要么对方爱答不理，要么说话绕弯，不直接表明态度。你会怀疑这个人是不是讨厌自己，你会质疑自己做事的能力。有一个词是"疑心病"，可能就是对本能敏感的最好写照。

当我们转换思维方式后会怎样呢？你会去洞悉问题背后的原因，去探寻对方真正想表达的意思，会对别人的行为表示理解，并给予恰当的回应。在不知不觉中，你把敏感这种劣势变成了自己的潜在优势。因为性格敏感的人，最容易拥有同理心。

我们经常听到评论某个人，你能不能长点心呀？或者说这个人缺心眼儿。缺的是什么？其实就是这种敏感度。有的人为什么做不到眼里有活儿，因为他没有这种敏感度，考虑不到更多方面。

当你把敏感上升为一种优势以后，就能够快速反应。别人会觉得你很细心、贴心、用心，因为你的洞察能力非常强，千丝万缕的细节都可以被你发现，也就是我们经常说的情商高。

一个人的性格，没有好坏、对错之分；一个人的能力，也没有标准的尺寸来衡量。关键是，如何充分发挥自己的优势。拼命去弥补自己的短板、提升自己的劣势，你会成为一名合格的艺人统筹；把劣势变成一种潜在的优势，并不断放大优势，你会具备更强的核心竞争力，最终可能脱颖而出！

第二节　每个出现的人都自有道理

一、对立的不一定是对手

有一次，我团队的艺人统筹问了我一个问题：什么样的艺人统筹是有格局的？我认为格局包含思维、内涵、行事、为人……很难用一个标准答案来界定。但是，认真思考以后，我还是说出了自己的答案：如何看待你的对手，如何看待身边的竞争者。

我身边有些艺人统筹容易出现诸如此类的困惑：艺人跟竞品节目合作过，我们能用他吗？听说我们要跟竞品公司合作节目，这是太阳从西边出来了？这个人跟我是竞争关系，我得处处防着他才行啊！

随着对这份工作的理解越来越深刻，历经的人和事情越来越多，这些意识才有可能发生改变。能不能用正确的心态看待对手，能不能用稳定的情绪善待对手，能不能用开放的心态包容对手……决定了一个人做事的态度和局限性。要成事，包容性尤其重要。

1. 对手是竞争者，也是对标者

要了解一个新的行业，最快的方式是什么？要进入一个新的行业，最有效的方式是什么？要深刻认识一个新的行业，最直接的方式是什么？没错，就是从你的对手身上获取、学习、对照。

成功需要不懈的努力，失败也需要不断的试错，无论是成功还是失败，都需要相对较长的一段时间来实践。对手身上的经历和体会，可以让我们少走很多弯路。

对手做了哪些事，没有做哪些事；在什么时间做出的选择，是基于什么考虑做出的选择；需要具备什么能力，其中哪些是不可替代的……对手越老练，其实对完善自己越有利。

当你把对手看成竞争者时，容易抵御防备，甚至距他人于千里之外，最好眼不见为净；当你把对手看作对标者时，就会虚心接纳，想靠近对方、研究对方，从对方身上发现有助于自身成长的养分。

比如，正在看本书的人，有我同行的人，也有即将进入这个行业的人。也许过去我们是对手关系，未来仍然可能是竞争者，但同时大家能对标我的经验和方法吸取所需的部分，完成自己的职业之路。

2. 对手的出现代表了多元化的可能

关于不回微信消息这件事，不同艺人统筹的处理方式不一样。

有的艺人统筹会一直发微信消息，直到对方理睬自己为止；有的艺人统筹会去想对方不回复的原因，再对症下药；还有的艺人统筹会立即向他人寻求帮助，绝不让事情停滞不前……每个人都有自己处理事情的方式。

对手的出现就是让我们看到：原来还有这一类人！原来问题还可以这样想！原来事情还可以这样办！对手总以你意想不到的方式出现，并用你出乎意料的方法跟你竞争。

当我们被困于自己的思维体系中时，总会以为自己想的都对，自己经历的才算数。只有看到别人的经历，了解对方的处事方法，才能提升见识和格局。正因为如此，我们才能看到什么是条条大路通罗马，什么是成功不设限，什么是山外有山、人外有人。

我经常说一句话，我们不要跟别人比，要跟自己比。跟自己比较的前提是，知道自己有什么、缺什么，以及要补什么。比如，同一位艺人参加综艺节目，为什么他在竞品的节目中身体放松、语言出彩，但在你邀请的节目中就表现出紧张、不自信和不太敢的状态呢？如果没有对手，这些问题都不容易被发现。

由于眼界和立场的局限性，我们很可能找不准自己的缺陷，但对手很可能一下子就看到了你最大的问题。

现在很多公司都会做竞品分析，分析对手做了什么、没做什么，其中哪些是我们想到的，哪些是我们没有想到的。原来，竞争对手为我们提供了解决问题的思路和方法，并且可以多样化。

3. 出现的对手越多，行业越景气

一个行业做的人少，并不代表这个行业不重要，也许只是对就业者的要求苛刻，难度大、门槛高。一个行业做的人多，除了好上手、便于快速入门，一般情况下是这个行业处于上升阶段，所以大家都想涌入。

有时候，我们判断一个行业、一个赛道是顺势还是逆风，是上行还是下坡，标准之一就是看有多少人要同你竞争。虽然大家趋之若鹜的东西未必好，但在某种程度上代表了一定的趋势和热度。

行业的成长需要更多的人投入进来角逐竞争，在优胜劣汰下良性发展。比如，艺人统筹这个职业。十几年前，我就做着艺人统筹的事，但是并不知道这份工作叫作"艺人统筹"。后来，视频行业的前进带动了综艺节目的发展，综艺节目又为文娱界的艺人提供了新的展现渠道，进而艺人统筹这份工作的职责越来越明确。于是，我的身边出现了越来越多的同行者，我也开始管理艺人统筹团队，带领更多的人前行和成长。

现在不再是孤军奋战的时代，这个时代需要我们用开放的心态凝聚一切可行的力量，融合一切可用的资源，尊重对手，欣赏对手，联合对手。

二、出现的都是贵人

心理学上有个"马太效应",放在这里可以解释为:强者更强,因为他们能够把遇到的对手变成贵人,强强联手,更有助于自己成功;弱者更弱,因为他们在和对手一较高低时,自己的势能不断被消耗和减弱。

人与人之间就这样慢慢拉开了距离,所以贵人与其说是一种人脉,不如说是我们的一种认知方式。你怎么看待对方的存在,怎么看待你们之间的关系,决定了你自己的位置和方向。

1. 贵人思维带来新的眼光和思路

冯唐有一句经典的话:试着不着急,学会不害怕,继续不要脸。在看待我们和竞争对手的关系上,我们尤其需要这种"不要脸"的精神,把对手看作贵人。

读万卷书不如行万里路,行万里路不如阅人无数,阅人无数不如名师指路。一个人懂得再多,也会出现知识盲区和能力弱项,更何况还有当局者迷呢。如果能时刻怀有"三人行必有我师"的谦逊态度,把遇到的合作者都当成学习的贵人,把明枪暗箭的对手都当成自己的老师,人生定会有所不同。

浩辰是一位业务能力很强的艺人统筹,但是由于他的情绪管理能力比较弱,所以成为他事业发展的阻力。他最近很消沉,因为领导夸某人的时候,总会捎带着指出他的不足。他很郁闷:

"现在我已经形成条件反射了,领导一说话就烦,我看到某人的样子就上火,应该怎么办啊?"

浩辰这种心情过去我也有过,想不通的时候,内心是封闭的,甚至是反感的。我根本不想去探究,对方身上究竟有什么值得自己学习的地方。后来,我会厚着脸皮追问,对方哪里做得好。我还会试着不着急抗拒,不害怕被否认,而是站在欣赏的角度,理解对方的能力,觉察对方的优点。

我们在意的是,别人拿自己和他人做比较。事实上,认可对方,并不意味着贬低自我。这不是一道二选一的单项选择题,也不是一道非黑即白的是非题,而是一个加分项。我很好,但是我还可以更好,所以我愿意敞开心扉,欣然倾听不同的意见。别人的意见不是用来定义我的标签,而是为了让我变成更好的人。

浩辰表示会听我的建议,试着去感受对方的言行,观察对方和自己不同的地方。后来,我发现他的性格有所改变。过去,浩辰容易在工作中与他人起冲突。虽然事情办了,但是说话的语气比较强势,沟通的过程让对方不舒服,自己得罪人了还不知道。现在,他自创了"30秒冷静法",生气的时候,坚持深呼吸30秒,再与对方沟通,这样减少了很多争执,大家都说他态度变温和了。

我问他怎么想通的,他高兴地说:"'某人'教我的。当我不再把他当成对手,而是一心想着学习他的优点时,我发现他很善于沟通。目前，虽然我还做不到像他一样游刃有余，但是已经比过去更能掌控情绪，我也感受到人际关系更好了。"

2. 贵人思维就是开放心态

有一个大学生，经常在一些专业论坛上发表自己的技术见解。大四那年，他替一位首席执行官解决了技术上的疑难杂症，两人成为朋友。

后来，大学生要去留学，该首席执行官热心地介绍了自己的朋友给他认识。这位朋友是第一位拍下"股神"巴菲特的午餐的中国人，并带着大学生一起去见了巴菲特。

这位学生就是拼多多的创始人黄峥，他能匹配到顶级的人脉，看似是运气，但他命运的拐点，实际上是自己为贵人提供的价值，源于他积极主动的人生态度。

那位帮助黄峥的首席执行官是网易的丁磊，带黄铮去见巴菲特的是步步高创始人段永平。他们都没有小觑黄峥的身份，而是用开放的心态分享自己的创业价值观和成功经验，为日后黄峥的创业指明了方向。

当我接触文娱界一些优秀的大佬们时发现，他们有一个共同点：除了自己专业水平很高，都特别爱提携那些有能力、有意愿做事的新人，并且能够快速发现对方身上的潜能，发现对方的优势。这体现出来的是一种开放的格局：没有对手，只有惺惺相惜的人和值得帮助的人。

古龙说:"有资格做你对手的人,才有资格做你的知己。"欣赏对手,敬畏对手,学习对手,做到知己知彼;选择对手,适应对手,挑战对手,才能所向披靡。

心态决定格局,格局影响人生。愿你棋逢对手,变成更强大的人。

第三节　获胜时得到结果,挫败时学到经验

艺人统筹这份工作能得到什么?这个职业最大的魅力在哪里?这份工作可以给人生带来什么样的变化?这些都是大家关心的问题,也是本书在讲的内容:从艺人统筹的知识结构到能力体系,从艺人统筹调节情绪到解决困难,从艺人统筹人际沟通到思维格局。

尽管如此,我相信还是有很多人希望我能一语道破、直抵关键地说出,这份工作究竟有什么意义?我曾经反反复复思考过这个问题:是新奇吗?是荣耀吗?是成就吗?直到某天,我读到一则故事后,突然有所顿悟。

一位企业家,他拥有世人眼中显赫的名声和财富,但是他总觉得缺少什么。拥有的东西越多,他越觉得人生枯燥乏味。日复

一日的忙碌和辛苦究竟是为了什么呢？这个问题让他非常困惑和苦恼。

于是，他决定去寻找"人生的意义"。就这样，时间过去了五年。在此期间，他去到不同国家，看过许多风景，也拥有了很多难忘的人生第一次。

有一天，他终于找到了自己想要的东西，答案竟然是：人生的意义就在当下！因为生命在于经历，而人生在于体验，每天创造的过程就是人生的意义！他不禁感慨万千，为自己舍近求远饶了一大圈去寻找"人生的意义"而喟叹。

一份职业，很多人苦苦寻求它的意义，似乎必须找到一个标准答案，才能判断这份工作应不应该去做。我们却忘了，值不值得取决于你想成为谁、成就什么事，更取决于你用什么样的心态参与和历练。

一、艺人统筹的价值

有一次，一位其他行业的朋友问我：你认为这份工作对你而言，最大的价值是什么？我很好奇别人是如何看待我们的工作的，于是反问道：你觉得呢？他说，肯定是资源啊、人脉啊、能力之类的吧！他提到的这几点，确实是大家眼中艺人统筹这份工作的价值，只不过这些可能都是艺人统筹的表象价值。

1. 艺人统筹的表象价值

表象价值就是大部分人能看到、能想到、能感受到的价值。比如，在社交中，当你介绍自己的工作是艺人统筹时，多数人会表示很感兴趣，会好奇你具体要做什么，想了解你的工作日常，跟你打听一些娱乐消息。

在社交中，最容易打破僵局、缓解尴尬的话题，就是大家都会关注的天气、星座、新闻及娱乐等。因为艺人统筹的工作性质对大家而言自带一层神秘色彩，所以很容易引起大家的关注，对于轻松开启话题，迅速拉近和陌生人之间的关系，都很有帮助。

其实，一份工作做得是否开心，最重要的是能不能获得他人的尊重和信任；而艺人统筹的工作是成就他人，更容易受到大家的肯定和欢迎。

对于索取者，人们总是心怀戒备、避之不及，可是对于给予者，大家都会敞开怀抱，甚至希望多多益善。无论是对于节目制作方、艺人方还是导演团队，艺人统筹都在尽可能地调动自己的力量，协调各个工种、环节、人员达到融洽、顺利和满意。

艺人统筹游走在最热的话题中，隐藏在最火的节目下，服务于最受瞩目的明星和制片人。但是，我们享受这份宁静，也安于不被打扰、不被关注。因为我们知道，这份工作的价值不是让自己被看见，而是让更多优秀的艺人被发现。

2.艺人统筹的核心价值

艺人统筹这份工作的核心价值，只有深入了解它、理解它、懂得它，与它日夜在一起的人，才能真正感受到。

我想到一句话，出自朱自清先生写的《春》：一切都像刚睡醒的样子，欣欣然张开了眼。春天，万物可期。这跟艺人统筹这个职业有什么关系呢？有的。我认为，这个职业是开拓、是创造、是希望。

艺人统筹的职业环境，是一个无法复制、日日新的环境，也是一个无法套路，需要不断精进和学习的环境。无论我们身处的文娱界有多变幻，面对的工作伙伴有多迥异，遇到的困难有多棘手……人在这种高速、变速、快速的环境中，眼界会更开阔，心智会更坚韧，品性也会更成熟。

如果一份工作可以把"春天"播种进你的心里，这大概是最有价值的事情了吧！

二、艺人统筹的工作没有失败，只有得到和学到

有一些工作成功的标准很明确，失败的界定也很清晰。听话、照做，就容易成功；反之，即使失败了，只要参考对的标准去调整、修改，下一次成功的可能性就很大。

艺人统筹的工作却没有这么泾渭分明，一件事能否做成，相关的因素太多了。比如，虽然节目内容好，但是招商不佳，最终导致节目不做了。艺人统筹在前期策划、邀约和谈判阶段的工作都很成功，但是由于后面客户这个"变数"，最终就是失败的。

这也是一些刚入行的艺人统筹感到沮丧甚至无助的原因。遇到挫折的时候，他们会认为个人力量太单薄，很多事情无法靠一己之力去改变，无论如何努力都逃脱不了"失败"的结局。

关于这份工作，我常常想起一句话：一千个人眼中有一千个哈姆雷特。因为每个人的理解不同，看待问题的角度不同，所以才会有对过程和结果的不同看法。有人把"未完成"看作失败，因此萎靡不振，觉得付出没有意义；也有人把"未完成"看作"进行中"的成功，反而更加振奋，投入更多的时间和精力。

如果我们把阶段性的结果，当成艺人统筹奋斗的目标，必然经常受挫。因为不确定是这份工作的常态，成功或者失败，完全取于你怎么定义。你的看法决定了这件事的走向：还有没有价值，要不要继续，前途黯淡或充满希望。

如果你的定义里没有失败，当你获胜时，你会得到结果，当你挫败时，你会学到经验。那么，恭喜你，你永远都是受益的那个人。

三、艺人统筹这个职业锤炼了我们的思维能力

1. 解决问题的能力究竟是什么

有位艺人统筹找我倾诉：为什么我们遇到的问题总是层出不穷，一波刚过一波又起，每天都在解决不同的问题。我问他，在解决问题的过程中，你是一种什么样的感受呢？

他想了想说，每当解决了一个问题的时候，我都觉得自己变厉害了，以为再也没有什么能难住自己了，结果，下一个问题更难。等我绞尽脑汁想出办法，把出现的问题解决了，重拾成就感的时候，更难的问题又接踵而至，再次打击了我的自信心。

因此，你刚刚有成就感，马上事情又糟糕了？他被我的话逗笑了，回答道："太对了，就是这样！"我问他，你有没有想过，对艺人统筹这份工作而言，"解决问题的能力"究竟是一种什么样的能力呢？

他陷入了思考中。我没有等他回答，继续说道，可能此刻你脑海中会浮现出很多东西，比如情商能力、情绪能力、沟通能力等。当然，这些都是我们身为艺人统筹必备的能力，但在这些能力背后，是什么在支撑和激励我们呢？是解决问题的能力，把我们从职场小白变成了职场精英。其实，"问题"就是成长的"契机"。每次新的问题出现，都在提醒我们需要提升自己了。在解决问题的过程中，艺人统筹的认知能力、思维能力和实操能力都会有所提升。

艺人统筹解决问题的能力，是一种时不待我、风雨兼程的能力，是一种万事俱备要启航、条件欠缺也要前行的能力，是一种即使东风在侧也要逆风翻盘的能力。

哪有那么多时间等我们准备好。等到问题来了，才去学习如何解决问题，已经来不及了。只有在问题出现的时候，你才会发现自己平时没有注意到的事情。只有在问题中不断锤炼，然后在下一个问题中实践和验证，并重复这个过程，才会不断锻炼和提升我们的思维能力。

2. 解决问题锻炼的是思维能力

人在过马路的时候，会条件反射地出现红灯停、绿灯行的举动，这是长期的教育、练习到养成习惯的结果。因此，当问题出现的时候，我们就在不经意培养自己的思维习惯。

负面思维的人会看到表面上自己经历了什么。比如，工作中遇到有人向他提出质疑，负面思维的人会立即反驳：凭什么数落我，你以为自己是谁，为什么要针对我……总之，习惯往坏处想，觉得处处都是刁难。正面思维的人可能去想：他为什么提出这个建议，他这样说的依据是什么，他从这个建议里想得到什么，我从中可以得到什么……正面思维的人习惯去发掘行为背后的动机，去考虑本质是什么？经验是什么？从中找到对自己有益的东西。当一个人可以进入思考层面的时候，就已经进入解决问题的层面了。

不同的人站在不同的角度，对问题的看法和解法都会不一样，但是我们可以通过这些角度提升自己发现问题、分析问题和解决问题的能力。

无论是困境还是难题，迈过去的坎儿，终会变成一种经验在你身上沉淀。你的每一个步伐、每一回努力、每一次付出，都在书写当下、改变未来，赋予你做这件事情的价值和意义！

当你的核心竞争力提升了，你就是市场追逐的稀缺资源。最后，解决问题的能力就变成了你的实力，你已经不需要"准备好"再出发，因为你时刻准备着，随时可以出发！

第四节　没有什么事能真的撂倒你

经常有人对我说：真羡慕你，无论发生什么事情，总是可以沉着应对，好像工作上没有什么事情可以撂倒你。

其实，每次情绪稳定、意志坚定的背后，都要经过千锤百炼。看似漫不经意的成功，其实是准备已久的结果。我也曾经因为不堪压力，在脆弱的边缘试探和彷徨。

一、那些突如其来的压力

有一次，节目组替客户做了一个内容方案，其中艺人的部分进行了较大的调整和升级。销售同事看完以后觉得很不错，于是率先拿给客户过目，希望给客户更大的信心。果然，客户十分满意，让迅速推动，落地执行。

这时候，出现了一个问题。方案中涉及的艺人名单都是拟定出来的，还无法最终确认。秉着诚信的态度，节目组如实告知了客户执行中的难度，并提出了一些替代人选和配合方式。没想到客户态度很坚决，表示高层领导已经审批了，如果不按照方案来执行，就会考虑撤资。

客户撤资意味着节目失去冠名商，就会有停录的风险。一时间，各种微信群不停地找我，所有的压力都指向我：无论如何一定要搞定名单上的艺人，并且在不付出额外成本的情况下，让艺人配合客户的广告拍摄。

当时作为职场新人的我，并不觉得天将降大任于斯人也，而是非常惶恐，感到糟透了：怎么突然间都要给我施压？凭什么所有压力都要我来承受？为什么我必须承担这个重任？可是，事已至此，总得把问题解决了。

于是，我一边委屈地痛哭流涕，一边快速思考下一步怎么办，还要从冰箱里拿出面膜来冰敷，确保第二天去谈事的时候，不让对方看出我的肿泡脸。然后，持续打电话约见经纪人，不断地沟通、协商、说服，提出新的设想，为艺人团队争取更多的资源。后来，我们竭尽所能满足了客户的大部分需求，客户看到了诚意,也做出一些退让,最终皆大欢喜。

二、下一步的行动是什么

很多年后,当我在某一刻回想那件事时,不由得感谢当年的自己。我没有缴械投降,做临时的逃兵;也没有心理崩溃,做情绪的奴隶。我因为自己的脆弱而哭,却没有陷在脆弱中,一直哭。

孤独、难过、委屈、生气……这些负面情绪每个人都有,但是控制这种情绪的能力,只能在事情发生的时候修炼。为什么会这么难呢?因为发泄情绪是一种本能的行为,而控制情绪却需要调动我们的思维。

本能的行为,不需要思考,做就好了,不做反而觉得压抑。可是用理性思维对情绪进行干预和控制的时候,就好像有很多种不同的声音,在你的脑海中叫嚣:凭什么?为什么?我偏要!这些声音会干扰你的理性判断,引发情绪上的失控。越委屈,越纠结,越会陷入想不通的困境。这时候,只有去行动,确定下一步做什么,才容易从负面情绪中跳脱出来。犹如在大海中航行,目标和位置才是救命稻草。

下一步要做的事情,让我慢慢平息脑海中乱哄哄的声音,心里只有把事情搞定的信念。是目标,让我被情绪驱使的感性慢慢回归到理性;是方向,让我的脆弱遁形,能够在慌乱中找回从容。

三、那些未成功的结果

自己做艺人统筹后，曾无数次被问道：怎样面对挫折？如何抗住压力？如何抵御脆弱？我总会想起一句话：佳物不独来，万物同相携。

如果我们只盯着结果看，当结果不尽如人意时，你就会以为自己失败了，感到沮丧和失望。如果你以目标为导向，把结果看成进行中的过程，那么无论结果是好是坏，都只是暂时的，你就不会轻易患得患失，影响情绪和心智。

几年前，我们准备做一个全球规模的新节目，很多经纪公司都担心内容和类型太新，观众接受起来比较困难，所以找到一位大家喜欢的艺人至关重要。就在我们说服了一位艺人，并开始进行档期沟通时，有一天下午我突然收到这位艺人公司高层领导的微信消息，对方表示只能下次合作了。我急忙联系对方，想弄清楚发生了什么事情，对方反馈的意思是，协调时间真的很费力，下次再合作吧！

我迅速打电话给经纪人，在我的一再追问下，她告诉了我事情原委。从艺人当前的档期来看，我们计划的录制时间有一半都不成立，经纪团队已经尽了最大努力，仍然无法解决这个问题。当天下午她在跟我沟通的时候，感觉档期上妥协的空间不大，于是她认为合作很难达成。当她把这种想法汇报给公司高层领导时，就出现了开始的那一幕。

单方面告之无法合作的情况，艺人统筹在工作中经常遇到，但是像这种费尽周折达成了合作意愿，却突然说不合作了，并且言语简短，未做更多解释的情况实属少见。

我压抑住怒气，向经纪人表示：我们一再表明，希望大家共同想办法解决档期问题，现在你们突然变卦，先不说给我们造成的损失，就是这种合作态度，会不会太草率了？没想到经纪人突然在电话那边哭了起来，说这件事情是她没有处理好，但是她的领导已经决定了，如果我需要跟我的领导解释，她可以帮我说清楚。

我当时特别想同经纪人大闹一场，但是过往的经验告诉我，迁怒别人或痛斥自己，发泄情绪的当下会觉得很爽，事后却容易更纠结、更难受。因为问题不会因情绪的宣泄而消失，反而因为情绪的捣乱可能变得更加没有头绪，甚至你会产生一种更加深重的无力感。

挂了电话，我开始思考：对于这位艺人，我们想要的结果是什么？——是成功合作这个节目。如果节目没有与这位艺人合作，结果肯定是失败的，但是否表示终极目标失败呢？答案是否定的。因为我们的目标是，跟合作伙伴维系良好的长久关系，某次合作未成功，并不表示下一次合作未成功，艺人统筹追求的是长期合作价值，而不是某次的"生意买卖"。

这次也许无法合作，但是一定要把心里的隔阂解决。当前，我需要立即跟这位艺人公司的高层领导见面,把事情摊开来说清楚才是关键。既要让对方感受到我们的诚意,也要让对方感知到我们的底线,这才是这件事情中我必须获得的结果。

那天,我一晚上没有睡觉,一直在给对方发信息,以及确认对方的回复。一开始,这位高层领导婉拒了见面,认为事已至此,很多东西无法改变。我紧追不舍,一定要在第二天见到她,无论她在何处,我都可以马上动身。

首先,我对他们的做法表示理解。我虽然对这个结果很遗憾,但是尊重和接受他们的决定。其次,我表现出不会纠缠的态度。这件事情本身的对与错不重要了,见面是为了今后的合作可以更加顺畅。最后,如果我有做得不好的地方,也希望当面聆听她的建议,为下次合作打好基础。我的目标非常明确,避免误会带来更大的损失。

早上六点多,对方发给我一个地址和时间,表示愿意坐下来聊一聊。见面后大家一番促膝相谈,双方都认可了在沟通过程中有一些误解,可是对于合作,确实因为艺人档期的问题,所以只能作罢。这位艺人公司的高层领导也表达了歉意,承诺下一个节目一定与我们合作。

之后,我向领导汇报了整个经过。领导深思了一下说,仔细想想确实有很大问题,也许不合作是对的。

四、只要不认怂，没有事情能撂倒你

上面那次经历，让我在短短时间里仿佛历经了一场梦，梦中很焦灼、很煎熬，醒来后身体很疲惫；又如同打了一场仗，身体已经很累了，但是头脑愈发清醒。当一个人自怨自艾的时候，全世界都可以给你制造麻烦，甚至与你为敌。可是，当你可以抽身出来，不再带着主人公的意识，而是用一种旁观者的身份和视角，重新审视这件事时，你发现了什么？你发现了这件事的起因、源头，发现了隐匿在过程中的问题，发现了今后如何避免的措施……

这件事让我更加意识到沟通的重要性。在沟通中，传递信息方和接收信息方，各占有一半的主导权。对方没有听懂，也许不是我的责任，但我有没有竭尽所能让对方听懂，以及有没有确认对方听懂了，这是我的责任。

艺人统筹不仅要把事"办"好，更应该把人"理"顺。把事办好，是做事多想一个"万一"，多准备一个方案；既要有以不变应万变的自如，又要有时刻接纳变化、面对不确定性的从容。把人理顺，是同理，是理解，因为事情能不能办成在于人与人之间是否契合。人的方面如果出现了问题，事情多半会出现偏差，结果势必会不顺利。

刘震云在《一句顶一万句》一书中写道："世上所有的东西都可以挑，就是日子不能挑。世上所有的事情都经不起推敲，一推敲，每一件都藏着委屈。"

艺人统筹这份工作，常常会有被脆弱袭击的时候。在无数个困境中，我不断地和脆弱作战、和压力抗争。果然，那种深陷绝望的场景越来越少。不知从何时开始，我的身体和精神都慢慢免疫了，不被脆弱反噬，滋生出了坚韧。因为我发现战胜脆弱最好的方式不是跟它对着干，而是与它并存。只有把脆弱烙印成自己成长的一部分，熬过去，挺过来，身上的铠甲才会变得更坚硬。

在艺人统筹的工作中，永远没有无疾而终的事情，重要的是把成功看作进行时，把失败看作经验。你能够承受的脆弱越多、承担的脆弱越重，越能够在突发状况面前举重若轻、走得更远。

每个职业都会承受委屈、压力、指责，有时候结果不尽如人意，或许是你的原因，或许是他人的缘故。虽然并不是每个问题都有答案，但是每次经历脆弱后的你，一定会更克制、更勇敢、更聪慧。有一天你会发现，正是在这种磨损、修复、重塑的过程中，你一次又一次遇到全新的自己。

艺人统筹的工作不容易，但只要你不认怂，就没有什么能撂倒你。所谓的万丈深渊，迈过去就是鹏程万里。

第五节　把平凡变成非凡的途径

当我毕业后，准备进入这个行业的时候，我的专业课老师送给我一句话："任何时候，不要让你的心扬起尘埃。"那时，我只觉得这句话寓意十足、很有内涵，可是并不能真正领悟它的含义。直到经历了形形色色的人和事之后，我才发现心的沉稳和安定是一种多么可贵的力量。

一、艺人统筹的两种心理状态

艺人统筹的工作以节目为核心，紧紧围绕着与艺人的合作，全面打通综艺资源。在整个节目制作过程中，艺人统筹是除了制片人、导演，最有可能全面接触各个岗位的人。从经纪团队到导演团队、后期团队、摄像团队、商务团队、运营团队、销售团队……只要有跟艺人打交道的需求，就少不了艺人统筹的协调和沟通。被这种"存在感"围绕久了，艺人统筹很容易形成下面两种心理状态。

1. 光环心理

- 我跟某某艺人特别熟，前几天我们还通过微信聊她最近参加的节目了。
- 那个很有名的制作导演，在邀请艺人的思路上，都需要我来出谋划策。
- 之前那个非常火的综艺节目，如果不是我把关键艺人搞定，节目能这么火吗？

在光环心理下，艺人统筹会误把自大当成自信。可是，这种节目"很火爆"、人脉很"很厉害"的情况，有几分是出于自己的作用？有几分是来自别人的加持？还有多少是由你所在的公司、所处的位置、所拥有的便利条件给予的？很多人似乎都没有细想过答案。

还有一些艺人统筹喜欢发朋友圈，打自己跟圈子大佬们的"友情牌"。比如，今天和某某知名演员一起吃饭，明天和某某知名制作人一起聚会，仿佛置身其中就能成为圈子里的一员，就会令他人刮目相看，甚至崇拜和敬仰。

牛人和自己牛是两码事。合作伙伴很牛，表示你的这份职业能赋予你更多的机会，去链接更有能力的人，你应该感谢公司的价值，感谢这份工作的价值。在这种幸运的环境中，你要努力去发挥自己的优势。朋友很牛，只能表明对方的价值更大，别人对他的需求感更强，但不能够证明你有多厉害。如果别人通过认识你，链接了你的牛人朋友，你成为在中间穿针引线的摆渡人。

真正的人脉是跟每个人自身的实力挂钩的，取决于你能够为别人带来多大的价值、解决多大的问题。很多时候，艺人统筹添加的名人的微信，只是多了一个账号而已，可能没有任何的实质意义。因为在合作中，人与人之间的交集来自事情，事情办得怎么样决定了最终的关系。

2. 比较心理

如果说看不清究竟是谁的光环折射在自己头顶，造就了艺人统筹容易盲目乐观、自大自负的话，那么过分看重自己的位置，跟每个优秀的人去做比较，也会变得畏手畏脚、自卑自惭。

一个人的成功有天时地利的因素，也有自身的境遇和努力。如果我们不了解他经历了什么、遇到了什么、改变了什么，只是一味地从表面去学习和模仿，就容易东施效颦、迷失自我，甚至让自己陷入求而不得的失望状态。

我们在前面讲过，提升优势比改变劣势更容易成功。可是，在跟别人比较的过程中，我们比的就是自愧不如的那一面，这会加深自我怀疑，打乱自己本来的进步节奏。越比越不如人，越拉开距离，越想快速提升自己的不足……这就形成了一种负面能量，拉着你往自己不擅长的一面去。你独一无二的优势呢？已经被抛在脑后，离自己越来越远了。和比自己厉害的人碰撞，能发现自己未曾觉察的一面，可以激发我们的上进心和求胜欲，挖掘出我们潜在的价值。可是，如果一味地用对方的标准来要求自己、苛求自己，就会进入另一个极端。

一些刚入行的艺人统筹工资不高，但是看着合作对象穿着名牌衣服、出入高档场所，心里容易羡慕和浮躁，一旦过度焦躁就容易滋生虚荣心。艺人需要华服，是因为舞台；名人生活条件好，是因为他们创造了作品、产生了价值。与其在这些表面上攀比，不如提升自己的业务能力，确定自己的事业目标。外在的时尚不会令你"被看见"，因为时髦很快会过时，能令你"被看见"的，一定是你独一无二的见识和思想，以及你与众不同的能力和魅力。

二、别人的标签和定义

艺人统筹在艺人策划的阶段，有时候会做一项工作：贴标签。把一些有共同特征的艺人名单放到一起，这样便于为各种节目提供参考，比如语言表达类、才艺表演类、体育电竞类等。

贴标签，其实是一种简单的分类和归纳，是一种基于艺人过去的数据和经历做出的筛选。大数据的贴标签，对于理解和判断一个艺人，可能无法起到10%的作用。因为真正了解一个人，一定是去聊天、去感受、去发现，只有真正的接触，才能看到鲜活的本人。

因此，艺人筹统不要把贴标签的习惯带到人际交流中，破坏了真实的相处，更不要轻易被他人定义，影响了自己的心态。我希望每个艺人统筹都能记住下面两句话：别人都把你当回事的时候，记住自己的平凡；别人不把你当回事的时候，看到自己的荣耀。

项目成功时，外界传递给你的声音都是"优秀""好棒""厉害"……我们反而要警惕，因为这些荣誉会让你以为自己无所不能，反而影响之后的行为，甚至在下一次合作中摔个大跟头。这种落差和起伏来回反复的话，容易导致艺人统筹心理素质的极不稳定，最后变得谨小慎微，不敢做决策，不相信自己的判断力。

我时常对大家说这样的话：当你以为没有什么能够再难住自己的时候，下一个困难会更难；当你以为一切尽在掌握中的时候，下一个关卡预埋着伏笔。

当你听到的反馈是"不行""比较差""做不好"的时候，先不要急着否定自己，或者跟着这些声音一起来打压自己，更不能因为别人给你贴的标签，就轻易放弃自己。越是外界充满否定声，我们越要冷静思索：我是谁？我有什么？我还可以在哪些方面做得更好？外界的评判值得参考，有时候还是重要的参考，但仅仅作为参考而已。

你是什么样的人？你想成为什么样的人？你有可能成为什么样的人？由你自己的心决定，而不是别人的嘴。我经常鼓励伙伴们：弄清楚哪里不行，比较差是差在哪些地方，这次做不好下次如何可以更好……一个心智沉稳的人，一定是从问题中寻求成长，而不是被问题压垮。别人不把你当回事，是每个人看待事情的角度不同。也许，在他这里不突出的价值，换一个人来看，你的重要性十分突显；在他这里不明显的作用，换一个人来看，你的能力变得特别关键。我们既要看清自己的平凡，又要认识自己的独特性，才容易保持不骄不躁的心态。

三、专注和持续的力量

有一天,一位艺人统筹找我聊天。她说,自己现在都不敢多看朋友圈,越看越觉得心慌。因为她感到周围的人都铆足了劲儿,好像每个人都很厉害,每个人获得成功都轻而易举。因此,她一刻也不敢懈怠,生怕自己稍做喘息就会落后,当自己停下来时就赶不上别人了。

这种慌张我也曾有过,把目光都放到别人身上,怎么还会关注自己的心呢?眼睛盯着所谓大部分人朝向的方向,或者周围环境告诉你,你应该抵达的地方,你就会突然间迷失了自己的方向,忘记了自己要走的路。

大家的心态都太容易浮躁了,总是渴望一蹴而就。可是,我们忘记了,古人训:千里之行,始于足下。不积跬步,无以至千里。所有看似成功的背后,都经过了日复一日的努力和坚持。

艺人统筹的工作能接触到很多优秀的人,他们身上有一个特别明显的品质,那就是持之以恒。其实,他们并没有做多么了不起的事,只是在循环做一件事,在这件事上不断下功夫。

努力和坚持,本身就非常枯燥,需要你去做重复的事,然后从中找出规律和方法;需要抛开人云亦云的观点,独立深度思考,建立自己的认知体系;需要你去区别,我跟别人有什么不同。

"不要让你的心扬起尘埃",我想起老师曾经说过的这句话,恍然大悟。因为外界的种种诱惑都会在某一瞬间扬起迷雾,让我们看不清自己的初心。当你用眼睛盯着别人的脚步时,只会乱了自己的步伐。你要做的仅仅是把太过长远的目光收回来,认清自己目前的状态。

所有的荣耀背后都归结于日复一日的平常心,艺人统筹这份工作更是如此。稻盛和夫说:"将平凡变成非凡就是持续。不选择捷径,一步步、一天天拼命、认真、踏实地工作,积以时日,梦想变为现实,事业获得成功,这就是非凡的凡人。"

第六节 为人处世背后的原则

我经常被问道,艺人统筹究竟是为人重要,还是做事重要?一个职业弄清楚什么最重要,我们首先要知道,一个人为什么进入职场?

一、为人和做事的关系

我把一个人在职场中的状态分为三层,你可以想象这是一个三角形的金字塔结构。

三角形的底层,也就是大多数人要工作的原因,是赚钱。我们需要自食其力,来证明自己成年人的身份。赚钱是为了养活自己、养活家庭，这是多数人的状态。

三角形中间那一层，是职场中影响赚钱的一个核心因素，那就是人际关系。你同什么样的人一起工作？你有没有遇到一个识人用人的领导？你和同事之间的关系是否和谐？你的合作伙伴对你是否认可？等等。这些人的因素会干扰你的情感和情绪，影响你做事的状态，而事情做得好不好，跟人有千丝万缕的关系。

三角形的顶层，是这份工作是不是你喜欢做的事。只有发自内心的热爱，才有可能持续把事做好。当你持续做好一件事时，这件事的价值才会循环发挥，最后突显出你的能力。这种能力就成为你的核心竞争力，从而让你有机会赚到更多的钱，过上更好的生活。

这个职场金字塔和为人、做事有什么关联呢？这是一种因果关系。我们因为赚钱这个诉求进入职场，最终能不能赚到钱，却取决于能不能把事做好。因此，大家要把金字塔倒过来看，首先看到做事的关键性。

在初入职场的前几年，艺人统筹一定要把精力集中在如何提升做事的能力上。一个人做事不靠谱，是不可能从行业中脱颖而出的。有些艺人统筹前几年忙着"搞关系"，却忽视了综合实力的打造。过了几年才发现，关系留不住，能力没提升多少，年龄又拼不过新人，所以整天都很焦虑。

只有具备了做事的基本能力，才有赚钱的基本保障，所以首先要把事做好。至于这件事会不会影响某些人的利益，会不会给自己增添麻烦等，这些都不是职场初期的人应该考虑的。相比得罪人，把事搞糟了，更会让你无法长期立足。

进入职场的发展期，人际关系的作用就突显出来了。对于我们这个行业来说，尤为明显。在职场发展期，一个人际关系顺遂的艺人统筹会比一个人际关系差的艺人统筹跃升更快。因为在这个阶段，很可能你不再是做大量辅助的执行工作，而是需要更积极主动地参与其中，甚至要培养新人、带领团队，与各部门携手和协同。这个阶段会涉及如何与人共事、如何实现双赢。

最后，你会发现整个逻辑又回到了金字塔的顶层：做事的层面。因为建立人际关系的目的是让事情的合作更加顺畅。人的情绪稳定了，事情谈起来就没那么费劲儿；人的情感得到了满足，事情的结果就会朝着预期的方向发展。

二、艺人统筹的好人缘和好人脉

很多人把事做了，却容易失去人心，为什么会这样呢？因为人与人相处的核心和本质是理解和认同。

我们经常说艺人统筹的人缘好不好，说的是什么呢？说的是他的同理心够不够，能不能设身处地站在对方的立场上思考问题；说的是他是先看到面前的人，还是先看到人背后的事。

工作中有时会出现这样的情况：当艺人团队找过来，需要艺人统筹快速协调和处理节目中的一些问题时，艺人统筹却在群里联系制片人，制片人没有做出回应，这时候艺人统筹就特别急躁。反之，制片人有关于艺人的事情，着急找艺人统筹推进，但是艺人统筹的反馈很消极时，制片人也容易生气。最后，大家就会在情急之下产生一些没必要的争执。

要论道理，站在不同的立场上，人人都能讲出自己的缘故，道出自己的委屈。可是，更会"为人"的人，他的关注点在人本身，是基于人的感受，会去了解对方为什么这样做，而不是一看到对立面，就立刻指责对方。

对人不对事使人内疚，对事不对人容易令对方产生逆反心理。在很多情况下，一个人事情做得不妥当，或者事情未做圆满，本身就会自责、心怀愧疚。但是，如果对方太过强势，一味责怪，这个人反而会替自己找借口，并视对方为"仇敌"。

我们说艺人统筹的核心能力就是看到人的感受，通过人的感受去链接对方的情绪，探寻对方的需求。一个艺人统筹，如果缺乏这种感受力，就会增加做事的难度。文娱行业竞争激烈，大家都争分夺秒，用时间来换取资源，不是每个人都有耐心跟你解释和讲明自己的感受。因此，艺人统筹需要去察觉和体会，自己发现问题。

市面上有很多关于高情商的书，最后你会发现，本质都是在教：如何关注他人的感受，理解他人。因为有了理解，才会愿意深入了解，进而换位思考，从对方的角度看待问题。

一个能够与大家和谐相处的人，人际交往能力强，可以获得别人的喜欢，赢得好人缘的口碑；一个能把事做好，在做事上有自己章法和规则的人，他的价值更大，别人对他的需求更强，他就能获得好人脉。

有些艺人统筹会很郁闷：为什么我有艺人的微信，甚至和很多人关系都不错，但是真正到合作的时候，大家都推三阻四呢？为什么关键时候要录宣传ID、转发一条推广，别人不帮我呢？因为好人脉取决于你能提供多大的价值，取决于对方对你的需求有多大。因此，下一次你被拒绝的时候，不用过分懊恼，只要心里清楚是你能提供给对方的价值还不够，接下来如果希望继续跟这个人合作，拿出真正能打动对方的东西即可。

好人缘是你"为人"的能力，好人脉是你"处世"的实力。一个擅长为人处世的艺人统筹，就是一个既有人缘又有人脉的人，既懂得做人又能成事的人。

三、高情商的做事策略

我认为，艺人统筹的高情商包含三层能力。第一层是做事，就是做一份工作需要的能力，包含基础认知、业务能力、综合素质等。它们会形成一个知识体系，进而体现在你身上——你是不是一个专业的人,让人信得过的人,能够托付的人。第二层是洞察能力,事事皆学问,需要的就是这种能力。艺人统筹的洞察能力强不强,跟他对人的感知力是连在一起的。艺人统筹既要能敏锐地感受到别人的需求,又要能敏锐地洞察到市场的需求。如何提升洞察能力呢?还是回归本源,即看到人。艺人统筹工作就是关于人的工作,对人的理解和感受能够体现出艺人统筹能力的差距。第三层是回归人的本质和初心。知道很多困难和不易后,还能一往无前;看透很多套路后,还能保持积极和简单。

能入世才能出世,这种处世能力的最高境界可以概括为两个字:真诚。真诚不是掏心掏肺、交浅言深,而是行胜于言、言行一致。不轻易许诺,但是说到做到。在有立场、有原则的情况下,尽可能做到真话、真心和真懂。

真诚也有边界。因为合作是双方共同努力的结果,艺人统筹既要把对方的利益看作跟自己的利益同等重要,也要在核心问题上不卑不亢、寸步不让。最后能否达成合作,只要努力了,行不行都要坦然面对。

我常对艺人统筹说,合作不成情意在,这次不行还有下次。大家要鼓励艺人团队开诚布公地说出自己的难处,最后能不能合作都可以理解,但至少我们可以了解对方的真实状况,也能让对方感受到我们的诚意。

现在有很多书籍和课程会教大家如何搞定别人,但这些招数用来应付社会经验很丰富的人是没有用的。尤其是艺人统筹，如果想靠套路去解决问题，很可能会把自己"套"进去。因为我们的合作对象最擅长"危机处理"，每天打交道的都是媒体、记者、公关，过招的能力比你想象得更厉害，所以千万别盲目自信，以为自己的套路不会被人看穿。当然，艺人统筹见招拆招的能力也会与日俱增，一些合作方如果演技拙劣也会被我们识破。

越在大事面前，越在急事、难事面前，搞花样越会适得其反。复杂的背后就是简单，真诚的沟通有时候胜于一切花招。因为其他人也很聪明，你是装模作样还是真诚以待，你以为别人分辨不出来吗？无论是从时间成本还是从人际关系的角度来看，最后都会得不偿失。

这些所谓的为人处世，最后都是一些特别质朴的道理在支撑着，这也是为什么达利欧的《原则》会非常火爆。因为原本让我们变成更好的人，获得成功的方法，就是这些最普遍的道理，无处不在却又不易察觉。

那么，要做好艺人统筹这份工作，最简单的办法是什么呢？多跟项目，多去实践，多做总结；好好学习，好好洞察，好好说话。若能做到这些，你就已经打败80%的人了，剩下的就是持续提升、不断修炼、终身学习。你看，道理永远这么简单，但是真正去践行的人，中途没有换道仍在坚持的人，有多少呢？因此，真诚的原则也是这样，不是难在能否理解，而是能不能贯彻到底。

无论行业环境如何变幻莫测，前方还有多少困阻迷惑，当你是个纯粹的人时，就能在起起伏伏中保持沉稳。最终，真诚会成为你的一把钥匙，打开你和所有陌生、隔阂、对立之间的大门，让你在这复杂的世界中能够心智明澈，用自己喜欢的方式做喜欢的事。